AF565602

Josua Straß und Christiane Krause-Dimmock

DUNKLE GESCHICHTEN AUS Baden-Baden

Bildnachweis

Christiane Krause-Dimoock: S. 5, 7, 10, 11, 14, 16, 28, 37, 38, 41, 48, 57, 62, 65, 70; Bärbel Neumann: S. 19; Tanja Eger. S. 21; Wolfgang Breier: S. 24; Nathalie Dautel: S. 33, 34; Stadtarchiv Baden-Baden: S. 45, 52; Postkartensammlung Roland Seiter: S. 51 Wikicommons Hermesvilla Sissi-Portrait Hermann Nigg 1882: S. 54; Wikicommons Bundesarchiv Bild 183-1987-0302-032, Berlin, Friedrichstadtpalast: S. 67; Berthold Gantner: S. 73; Mit freundlicher Genehmigung der Foundation Hindemith, Blonay (CH): S. 77

Merci ...

... wollen wir allen Gesprächspartner sagen, die uns Material für diese Geschichten geliefert haben und uns zugetraut haben, dass wir vertrauensvoll damit umgehen. Unschätzbare Dienste haben uns auch bei diesem Buch Dagmar Rumpf vom Stadtarchiv und Roland Seiter von der Pressestelle der Stadt Baden-Baden erwiesen, die oft auch über unsere Fragen hinaus noch Eigenrecherche betrieben haben und mit uns so manchen unverhofften Schatz gehoben haben. Ebenso gilt unser Dank aber auch denjenigen, die uns – vermutlich ohne es zu ahnen – die wunderbaren Vorlagen für unsere Texte geliefert haben. Wir haben uns bemüht, trotz des dunklen Themas immer wieder lichte Momente in dieses Buch einzufügen und den auch enthaltenen Tragödien unterhaltsame und humorvolle Geschichten entgegengesetzt – das Leben ist oft schon schwer genug.

Ganz wichtig ist uns an dieser Stelle ein herzliches „Vergelt's Gott" an Tanja Eger und Graeme Dimmock. Während der eine uns mit Schnittchen versorgte, wenn die Köpfe zu qualmen begannen, kühlte die andere durch freundliches Lesen der Werke so manchen heißgelaufenen Satz wieder herunter. Ihr habt beide was gut bei uns!

Literatur

Brigitte Hamann: Elisabeth – Kaiserin wider Willen, Piper Verlag, 2012

Seiter, Roland: Erlebnis Schwarzwaldhochstraße, Verlag Regionalkultur, 2019

Margot Fuss: Baden-Baden, Kaiser und Könige, Koelblin Druck und Verlag, 1994

Schumann Briefedition in 2 Bänden, Dohr Verlag, 2019

Badische Neueste Nachrichten, Annette Borchard-Wenzel, 4. August 2019, Staatliche Schlösser und Gärten BW, Stammliste des Hauses Baden

1. Auflage 2022

Umschlaggestaltung: r2 | Ravenstein, Verden

Layout und Satz: Schneider Professionell Design, Schlüchtern-Elm

Druck: Rindt Druck, Fulda

Buchbinderische Verarbeitung: Buchbinderei S. R. Büge, Celle

34281 Gudensberg-Gleichen, Im Wiesental 1

Tel. 0 56 03 - 9 30 50 www.wartberg-verlag.de

ISBN 978-3-8313-3371-4

Inhalt

Vorwort

Hier ticken die Uhren anders. Baden-Baden kehrt die Vorzeichen oftmals einfach um. Was auf den ersten Blick idyllisch, verträumt und im klassischen Sinne beschaulich wirkt, hat auch eine ganz andere Seite. Gehen Sie mit uns auf eine kleine Reise, auf der wir den ein oder anderen Abgrund der Stadt ausleuchten. Das führt uns an manchen Stellen bis zu 2000 Meter tief in die Erde, manchmal allerdings auch nur bis in ein Café. Oder begleiten Sie uns bei den nächtlichen Eskapaden der wilden Kerle und folgen Sie uns auf den Spuren der Sternenfrau. Selbst Langspielplatten spielen in diesem Buch eine wichtige Rolle. Und falls das nicht genügt, wandeln Sie mit uns auf den Spuren berühmter Menschen, die in Baden-Baden durchaus dunkle Zeiten erlebt haben.
Diese Stadt steckt voller Geschichte und Geschichten, von denen wir einige erzählen wollen, selbst wenn sie ganz unglaublich klingen!

Viel Spaß beim Entdecken der dunklen Seiten unserer Stadt wünschen

Josua Straß und Christiane Krause-Dimmock

Ein kleiner Schwarzer

Eingeschenkt von Willy Schmidt-Schröder persönlich, gab es in den Nachkriegsjahren endlich wieder echten Röstkaffee, den Hanseatica! Das richtige Näschen für die edlen Bohnen war dem Röster gewissermaßen in die Wiege gelegt worden. Allerdings wuchs er in Heilbronn auf, während sein Vater Moritz 1911 in Hamburg Fuß gefasst hatte. So ging der junge Mann seinen eigenen Weg, wurde nach der Schule zunächst Bankkaufmann und zog in die Fremde. Er kam nach Triest, lebte eine Weile in Wien, in Izmir und schließlich in Bukarest. Dass er mehrere Fremdsprachen beherrschte, erleichterte seine Auslandsaktivitäten.

Mit entsprechend mondänem Blick machte sich Willy Schmidt-Schröder (1904–2008) in den Nachkriegsjahren auf die Suche nach einer neuen Heimat. Dabei fiel seine Wahl auf die kleine Weltstadt Baden-Baden. Was man in den Anfängen von

Kaffeekönig Willy Schmidt-Schröder wurde mehr als 100 Jahre alt.

seinen unternehmerischen Ambitionen wahrnahm, beschränkte sich zunächst auf einem alten Lkw. Dieses Gefährt diente ihm als erstes Warenlager. Obendrein erfüllte es die Funktion eines zeitgenössischen Werbemediums, das an seinem Standort Lichtental die Blicke auf sich zog.

Das wahre Herz der Firma schlug jedoch in der Innenstadt. Bis zum 31. Januar 1984 war der Kaffeekönig Schmidt-Schröder in der Sophienstraße 7 vertreten. Als er das Gewerbe abmeldete, endete für Willy Schmidt-Schröder eine fast schon atemberaubende Karriere. Er zog sich als munterer 80-Jähriger ins Privatleben zurück und residierte bis nach seinem 100sten Geburtstag in einem prächtigen Palais am Augustaplatz.

Akribisch hielt er in Dokumenten und Fotografien fest, wie sich sein Imperium entwickelte, als er 1950 mit einer Rösterei sowie der Einfuhr von Tee und Kaffee in Baden-Baden begann. Espresso-Bars, die er eröffnete, sowie seine 49 im Lauf der Jahrzehnte auf ganz Süddeutschland verteilten Filialen, beweisen unternehmerischen Wagemut. Das war nicht ohne Risiken. Tatsächlich bescherte ihm seine Tätigkeit alsbald einen Eintrag ins Führungszeugnis. Kaffeeschiebung lautete der behördliche Vorwurf. Denn ganz hasenrein war die Einfuhr der Schmidt-Schröder'schen Bohnen im Jahr 1948 offenbar nicht, wie der Zoll urteilte. Andere Behörden nahmen's indessen entspannt, wie sich historischen Akten entnehmen lässt. Man sprach vielmehr von einer „Nachkriegserscheinung" und legte dem dynamischen Unternehmer trotz dieses Fauxpas keine Steine in den Weg, als er in rasender Geschwindigkeit expandierte.

Die Lust auf Kaffee muss in jener Zeit trotz satter Preise groß gewesen sein. Im Jahr 1962 machte Hanseatica etwa Werbung für eine „Feine Brasil-Mischung" zum Kilopreis von 15,20 Mark. Noch tiefer in die Tasche greifen mussten die Kunden für den

Hier wurden die leckeren Bohnen geröstet.

volllöslichen „Schnell-Kaffee“. Für 3,90 Mark gab es gerade einmal 50 Gramm des Pulvers.

Keine Frage, dass sich das edle Getränk sehr gut für den Ausschank in einer Espresso-Bar im Herzen der Stadt eignete. Während die Kunden einen Einblick in die Kaffeewelt erhaschen konnten, weil Gerätschaften und Maschinen Teil der Einrichtung waren, entwickelte sich das Unternehmen an vielen verschiedenen Standorten weiter. In der Stephanien-, später auch in der Schwarzwaldstraße war Hanseatica zu Hause. In der Rheinstraße, auf dem heutigen Areal der Sparkasse, wuchs ein Firmengebäude aus dem Boden, in dem der Verwalter wohnte, und wo geröstet und gehandelt wurde.

Bald gab es in Schmidt-Schröders Läden neben Kaffee und Tee auch Schokolade zu trinken sowie zu kaufen.

Selbst Melitta-Filter fanden bei Hanseatica eine neue Heimat. Wein, Spirituosen und Schaumweine ergänzten alsbald das Angebot, während der findige Unternehmer in vielen Städten im deutschen Süden Niederlassungen gründete. Schwenningen, Gaggenau, Rastatt, Ebingen, Heilbronn, Tuttlingen, Singen oder etwa auch Tübingen – was dort in die Tasse kam, war zuvor in Baden-Baden geröstet worden.
Dass Willy Schmidt-Schröder sein stolzes Alter dem regelmäßigen Konsum von Kaffee verdankt, wolle er nicht behaupten, verriet er der Autorin im persönlichen Gespräch. Augenzwinkernd ließ er jedoch wissen, dass er den Tag traditionell mit zwei bis drei Tassen des belebenden Getränks beginnt.

Der Gemminger Turm

Der Gemminger Turm ist längst aus dem Stadtbild verschwunden, aber wegen seiner blutigen Bedeutung nimmt er in der Stadtgeschichte einen dunklen Platz ein. Der Architekt, der das mächtige Stadthaus gebaut hat, das heute an seiner Stelle steht, wusste offenbar darum, denn er hat das neue Haus mit einer kleinen Reminiszenz an das Vorgängergebäude versehen. Hoch oben auf dem Dach, an der Ecke zwischen Wilhelm- und Luisenstraße, prangt ein turmartiges Gebilde. Doch was genau verlieh dem Gemminger Turm seinen schlechten Ruf? Zunächst muss das Gebäude der Inbegriff von Wohlstand und Macht gewesen sein: Ein adeliger Stadthof, in dem im 14. Jahrhundert die Edelknechte von Selbach residierten. Im Zuge einer Erbschaft ging der Besitz an die Herren von Gemmingen über, die dem Anwesen offenkundig ihren Namen gaben. Ein Name, der im 16. und 17. Jahrhundert einen unrühmlichen Klang hatte, weil der Turm als Gefängnis diente. Wer hier eingesperrt wurde, dem standen schwere Zeiten unter meist sehr schlimmen Bedingungen bevor.

Der Ruf des Gebäudes wurde noch weitaus schlechter, als die Hexenverfolgung in Baden-Baden hohe Wellen schlug. Damals diente der Turm offenbar auch als Folterkammer. Während des Dreißigjährigen Krieges, genau genommen in der Zeit zwischen 1626 und 1631, sollen mehr als 244 Personen aus den Ämtern Rastatt, Baden-Baden, Steinbach und Bühl wegen Hexerei angeklagt worden sein. Die meisten überlebten die Verhöre und die damit verbundenen Torturen nicht. Auch Margaretha, der Ehefrau des Schlossers Jakob Dioniß, erging es 1631 so. Sie war das letzte bekannte Opfer dieser schrecklichen Ära. Im ersten Drittel des 19. Jahrhunderts erfolgte der Abbruch der

Ein mächtiges Stadtgebäude steht heute an der Stelle des Gemminger Hofs.

Stadtbefestigung und damit auch des berüchtigten Gemminger Turms.
Die alte Stadtmauer habe man wohl schlichtweg als beengend und hemmend empfunden, heißt es in den Geschichtsbüchern. Sie musste weichen. Ein kleines Stück der einstigen Stadtmauer befindet sich in unmittelbarer Nähe des ehemaligen Gemminger Tors. Nur wenige Meter entfernt, hinter einer geschlossenen Fassadenfront, die sich entlang der Wilhelmstraße erstreckt, ist ein Stück der trutzigen Befestigung als Teil einer Garage sichtbar.

Die verborgenen Nazi-Stollen

Rund dreißig Meter ragt das Felsmassiv aus Bühlertäler Granit am Ortseingang von Neuweier in die Höhe. Was auf den ersten Blick unspektakulär wirken mag, birgt ein unglaubliches Innenleben. In der kleinen Rebland-Gemeinde hatten Hitler und seine Schergen dereinst Großes geplant. Was sie in den 1930er-Jahren fern der Blicke der Öffentlichkeit schufen, wurde von ihnen zwar nicht genutzt, ist aber bis heute erhalten. Nur wenige Meter außerhalb des Ortes türmt sich eine Reihe von Bergen auf. Einer ist besonders gesichert. Ein hoher Zaun und große Tore schirmen seinen Vorplatz ab. Dahinter lassen sich ebenerdig zwei Eingänge ausmachen, die in tiefe Stollen führen.

Mit schwerem Gerät und unzähligen gezielten Sprengungen begann man seinerzeit, einen u-förmig verlaufenden Gang in den harten Granit zu treiben. 70 Meter reichte er in die Tiefe, 50 in die Breite. Entlang dieses Flurs wurden 50 Räume angelegt. Nur mehr die Türen aus schwerem Metall, wie man sie eher auf mächtigen Schiffen vermuten würde, lassen erahnen, was in diesem „Lost Place“ vor sich gehen sollte.

Es wurde eine ausgeklügelte Militäranlage geschaffen, ein Gefechtsstand, in dem sich eine große Zahl von Soldaten hätte verbergen können. Gegen den Feind, der sich gezielt auf die Suche begab, war man gewappnet. Mit einem simplen Mechanismus sollten sich bei akuter Gefahr die Zugänge kurzerhand sprengen lassen. Massen von Sand würden nachrutschen und den Eindruck erwecken, dass die Anlage eingestürzt sei. Alles, was benötigt wurde, um für eine längere Zeit in diesem Stollen zu überleben, wurde installiert. Sanitäre Einrichtungen, eine Heiz- und Belüftungsanlage, eine Schleuse im Südwesten, die – fast wie in einem Hasenbau – über 125 Stufen so gut wie un-

sichtbar an die Oberfläche in den Heiligensteinwald führt, gehörten dazu. Ebenso die Räume, in denen die Truppe einquartiert werden sollte.
Keine Frage, dass ein solch beachtliches Bauwerk auch in späteren Jahren gewisse Begehrlichkeiten weckte. Nach dem Ende der Nazis fiel der Stollen zunächst in den Besitz der französischen Besatzungsmacht. Gerne hätte sie ihn gesprengt, kamen davon aber wieder ab. Vielleicht hatten sie Wichtigeres zu tun. Später diente der Stollen als Interims-Domizil für ein Kunstprojekt, beherbergte eine Champignonzucht, war Baumateriallager und erfüllt bis heute einen – wenngleich eher unspektakulären – Zweck. In einem der eingangs erwähnten Fluchtstollen, die in den Heiligensteinwald führen, hat man zwischenzeitlich ein Erdbebenmessgerät installiert.
Ansonsten sind es Geschichten, Spekulationen und die ein oder andere Erinnerung, die mit diesem ungewöhnlichen Bauwerk, in dem übrigens ganzjährig eine Temperatur von acht Grad Celsius herrscht, zusammenhängen. Wie kamen die Nazis damals nach Neuweier und vor allem auf die Idee, in diesem kleinen Ort ein solch mächtiges militärisches Bauwerk zu erschaffen? Konrad Velten vom historischen Verein Yburg hat viele Informationen zu diesem Thema zusammengetragen und weiß zum Beispiel, dass an dieser Stelle bis 1920 ein Natursteinbruch existierte. Dieser war unter militärischen Gesichtspunkten aufgrund der Nähe zum Rhein von mächtigem Interesse, denn der große Strom hat in der Region bei Stollhofen eine seiner engsten Stellen.
Das wusste bereits Markgraf Ludwig Wilhelm, den man gemeinhin den Türkenlouis nannte. Er errichtete just in dieser Region seine strategische Verteidigungslinie. Auch das Hitler-Regime wollte sich diese natürlichen Gegebenheiten zunutze machen

Sowohl die Toilettenanlagen als auch die Heizungs- und Belüftungstechnik sind im Neuweierer Stollen noch vorhanden.

und begab sich auf die Suche nach einem geeigneten Standort. Dabei stieß man auf den Neuweirer Steinbruch. 1936 gab es erste Vermessungsarbeiten. Ein Jahr später begannen die Arbeiten für den geplanten Divisionsgefechtsstand, den Befehlsbunker.

Das Festungsbataillon 40 sorgte für die Ausführung, während der Festungspionierstab 11 Karlsruhe als gehobene Dienststelle darüber wachte.
Stück für Stück wurden dem Berg durch Sprengungen etwa 1070 Quadratmeter Fläche abgerungen. Die dadurch gewonnenen Gewölbe wurden ausgemauert. Vorschnell hieß es, der Stollen sei wunschgemäß fertiggestellt worden. Diese Fehlinformation, wer auch immer sie gestreut hatte, hätte die Verantwortlichen den Kopf kosten können, denn die Arbeiten waren mitnichten beendet. Es wird davon berichtet, dass der Führer 1939 persönlich vor Ort eintraf, um sich ein Bild zu machen. Ob wahr oder nicht – es heißt, man habe die Anlage so präsentiert, dass die Sache nicht aufflog. Den Zorn Hitlers wollte sicher niemand auf sich ziehen.
Sei's drum, zum Einsatz kam das Ganze ohnehin nicht. Dabei grenzt es fast schon an ein Wunder, dass das Bauwerk die Zeit überdauerte. Die Franzosen planten 1948 die Sprengung. Es kam jedoch zu einem Sinneswandel. Es folgte der weitere Ausbau, der den Bunker angeblich atombombensicher gemacht haben soll. Vermutlich habe man ihn während des Kalten Kriegs als Munitionslager genutzt, meint Konrad Velten. Bei den wenigen Gelegenheiten, während derer sich die Öffentlichkeit einen Eindruck von der Anlage verschaffen kann, sind lediglich Teile des ehemaligen Funkraums sowie die großen Dieselmotoren und technischen Einrichtungen zu sehen, mit denen das autarke Leben unter der Erde ermöglicht hätte werden sollen. An allem nagt der sehr scharfe Zahn der Zeit.
Ganz anders sieht das in einem „Schwestergebäude“ auf der anderen Seite des Bergs, in Lichtental, aus. Auch hier gruben sich die Nazis mit dem gleichen Ansinnen in die Tiefen des Gesteins des Leisbergs, als sie einen Stollen schufen, der die Verteidi-

Steile Stufen führen hinunter in den Stollen am Leisberg.

gungsposition verstärken sollte. Auch er ist noch erhalten, aber in veränderter Form. Während die Besatzungsmächte nach dem Krieg am liebsten alles zerstört hätten, was die Nazis erbaut hatten, machten sich die Anwohner Sorgen. Eine Explosion im Berg, wie sie 1946 vermutlich angedacht war, wäre mit großen Gefahren für die Zivilbevölkerung einhergegangen. Da entwickelte

ein damaliger Mitarbeiter der Stadtwerke die Idee, das Bauwerk fortan als Trinkwasserbehälter zu nutzen. Gesagt, getan: Die Wände des rund einhundert Meter langen Gewölbes wurden mit schwarzer, wasserabweisender Farbe gestrichen und das Ganze mit Wasser befüllt. So blieb dem Stollen und den Anwohnern die Sprengung erspart. Mit der Umnutzung wurde einem düsteren deutschen Geschichtskapitel ein rasches Ende bereitet. Aus dem Stollen wurde ein Reservoir, doch litt die Umsetzung dieser Wasserspeicher-Idee zunächst unter der in den Nachkriegsjahren vorherrschenden Materialknappheit. So konnte der Wasserbehälter erst 1950 in Betrieb genommen werden.
Für den Ideengeber zahlte sich die Sache übrigens aus. Von den Stadtwerken ist zu erfahren, dass es eine fürstliche Entlohnung gab: Der Mann erhielt 500 Mark, eine kostenlose Werkswohnung und wurde zum Werksmeister befördert. Lange war der Wasserbehälter nicht im Einsatz, bereits 1960 war Schluss. Das unterirdische Bauwerk steht seither leer und lässt sich kaum sinnvoll nutzen. Die Luftqualität ist schlecht. Ist heute eine Begehung erforderlich, muss zuvor über viele Stunden ein Luftaustausch erfolgen. Erst danach kann man es wagen, die Treppe hinab in den streng verschlossenen Zugangsbereich zu steigen. Die Stufen führen vom Steinbruchweg in die Tiefe des Berges. Von der Außenwelt ist nichts mehr wahrzunehmen. Die Atmosphäre wirkt trotz der beachtlichen Raumhöhe bedrückend. An die rund 50 Büros und vermutlich entsprechend vielen Schlafmöglichkeiten, die in den 1940er-Jahren entstanden sind, erinnert heute – anders als in Neuweier – nichts mehr. Aber die Spuren aus der Zeit als Wasserspeicher sind am wasserfesten Anstrich in groben Zügen zu erkennen. Ein mächtiger Zulauf ist stummer Zeuge davon, dass dieses gesamte System ehedem komplett unter Wasser stand – düster, feucht und wie aus einer anderen Welt.

Zaubernacht im Muggelwald

Ende des vergangenen Jahrtausends konnte man rund um den Globus ein beeindruckendes, völlig neues Phänomen bestaunen, von dem der Buchhandel nicht mehr zu träumen gewagt hatte. Vom Jahr 1999 aufs Jahr 2000 wurden die Bücher, in denen ein junger Zauberschüler mit einer blitzförmigen Narbe auf der Stirn gemeinsam mit seinen Freunden die wildesten Abenteuer in einem magischen Internat erlebt, von einem unverhältnismäßig gut verkäuflichen und von Kindern und Erwachsenen gern gelesenen Einzeltitel zu einer erfolgreichen Buchreihe. Für jeden neu erschienenen Band war die geradezu explodierende Fan-Gemeinde bereit, zu jeder Tag- und Nachtzeit alles andere stehen und liegen zu lassen.
Bereits beim dritten Band gab es für „Harry Potter und der Gefangene von Askaban" einen verpflichtenden Erstverkaufstag und in Großbritannien sogar eine Erstverkaufsstunde am frühen Nachmittag, damit die Schüler nicht in Scharen den Unterricht schwänzten! Als für die zweite Jahreshälfte des Jahres 2000 der vierte Band angekündigt war, erreichte die Nachfrage eine bei allem Optimismus nicht für möglich gehaltene Größenordnung. Im Juli standen auf den Plätzen eins bis drei der SPIEGEL-Bestsellerliste alle bisher erschienenen Bücher der Reihe, die englischsprachige Ausgabe von „Harry Potter und der Feuerkelch" erschien am 8. Juli in einer atemberaubenden Startauflagenhöhe von 4,8 Millionen Exemplaren. Zahlreiche deutsche Leserinnen und Leser besserten ihre Englischkenntnisse auf, um den neuen Abenteuern des Zauberlehrlings zumindest ungefähr folgen zu können. Für alle anderen begannen etwas mehr als drei endlos zäh dahinfließende Monate, bis es den Buchhändlern in Deutschland in der Nacht vom 13. auf den 14. Oktober

um Punkt Mitternacht erlaubt war, das heiß ersehnte Buch in deutscher Sprache zu verkaufen.

Natürlich auch bei Mäx+Moritz, der Familien-Buchhandlung in Baden-Baden, in der Marianne „Mäx“ Wasserburger bereits Wochen vor der magischen Nacht damit begann, ein abendfüllendes Programm für Harry-Potter-Fans von 9-99 Jahren auszutüfteln. Nicht zuletzt, weil der Carlsen Verlag über einen

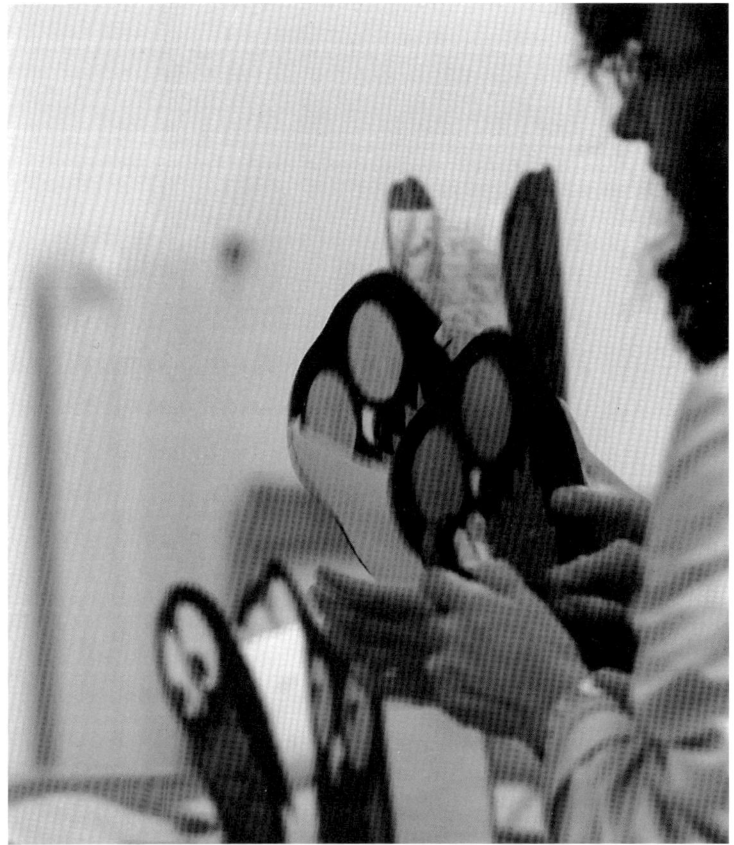

Schon eine Woche vor der magischen Nacht wurden fleißig Eulen-Laternen gebastelt.

eigenen Wettbewerb die Buchhändler ermunterte, die Neuerscheinung möglichst kreativ zu inszenieren. Es gab eine liebevoll gestaltete Einladung mit Lageplan und (ganz wichtig!) Lesetipps zur Verkürzung der Wartezeit, die an 300 ausgewählte Adressen verschickt wurden und zu höchst respektablen 150 Anmeldungen für die Nacht am Freitag, dem 13. Oktober, führte. 150 nervöse und aufgeregte Leserinnen und Leser! Davon ließ sich die Buchhändlerin aus Leidenschaft aber keineswegs ins Bockshorn jagen. Sie erweiterte das Programm und rekrutierte zusätzliche Helfer und Helferinnen, darunter auch Tanja Eger, die inzwischen als Filialleiterin Mäx Wasserburgers Erbe weiterführt. Übrigens bestand sie die Feuerprobe an ihrem neuen Arbeitsplatz mit Bravour.
Bei einem Treffen eine Woche vor dem Großereignis herrschte beim Basteln kunstvoller Eulenlaternen reger Andrang, bis es dann am Freitagabend um 22.30 Uhr an der Peitschenden Weide im magischen Kurpark endlich so weit war. Im Licht von Laternen und fluoreszierenden Zauberhutspitzen des Helferteams kam der Sprechende Hut zum Einsatz. Die Kopfbedeckung wurde mit einem Walkman ausgerüstet und ein Tonband so aufwendig besprochen, dass genügend Zeit für die Fragen und Antworten blieb, die nötig waren, um zu entscheiden, ob der Abend als Hausschüler der Mäxindors oder der Moritzerings weitergeführt wurde. Erst als kurz vor Ende des Auswahlprozesses „magische Turbulenzen“ für ein Versagen der Technik sorgten, wurden die Teamnamen ins Ohr des Kandidaten geflüstert. So ging es mit guter Laune und stolz emporgereckten Laternen, begleitet von gruseligem Rufen und Ächzen aus den Büschen am Wegrand, steil den Berg hinauf, wo bereits das nächste Abenteuer wartete: Quidditch-Unterricht und Flugstunden auf dem Zauberbesen!

An der Endstation Bahngleis verwandelte Mäx Wasserburger persönlich die Gutscheine in den neuen Harry-Potter-Band.

Im Licht des ab und an zwischen den Wolken hervorschauenden Vollmonds, der die Kulisse aufs Magischste beleuchtete, schwangen sich alle Teilnehmer unter Anleitung einer hoch gelehrten Oberhexe auf die imaginären Besen und konnten ihre pantomimischen Fertigkeiten unter Beweis stellen. Wer einmal Luftgitarre gespielt hat, kann sich sicher den großen Spaß vorstellen, den man hat, wenn man auf einem erdachten Fluggerät in einen steilen Sturzflug geht, plötzlich auftauchenden Klatschern ausweicht oder gar in letzter Sekunde einem Gegner den Schnatz wegschnappt! Allein dieser Programmpunkt hätte die Teilnehmer vermutlich bis Mitternacht bei allerbester Laune gehalten. Das Ganze kam so gut an, dass Oberhexe und Flugleiterin Bärbel Neumann ein Jahr später für die Einweihung des Günter-Eich-Hauses vom SWR engagiert wurde, um ihre Darbietung unter Einsatz allerfeinster Technik noch einmal für ein ebenfalls begeistertes Publikum zu präsentieren.

In der Harry-Potter-Nacht jedoch nahm das wilde Treiben auf dem Stourdza-Berg ein jähes Ende, als von kundigen Spähern

ein Drachenalarm ausgerufen wurde und nur die rasche Flucht in das Gasthaus zu den Drei Kesseln Rettung brachte. Dort gab es nicht nur die erhoffte Zuflucht, sondern auch schäumendes Butterbier und zuckrige weiße Mäuse, bei deren Ausgabe die nimmermüden Hexen vor Ort alle Hände voll zu tun hatten. Inzwischen war Mitternacht bereits überraschend nahe gerückt. Gut, dass es bis zu der zum Bahngleis 9 ¾ umdekorierten Buchhandlung Mäx+Moritz nicht mehr weit war. Nun galt es wegen des noch nicht abgeklungenen Drachenalarms so leise wie möglich dort hinzuschleichen, was nebenbei auch für die in der Nähe der Kreuzstraße schlafenden Haus- und Hotelbewohner sehr angenehm war.
Als dann endlich die Kirchenuhren zwölf Uhr schlugen und die im Vorfeld verkauften Gutscheine sich wie durch Zauberei in den vierten Harry-Potter-Band verwandelten, begannen selbst die kleinsten und müdesten Augen zu funkeln. Manch einer fand in dieser Nacht gar keinen Schlaf mehr und nutzte die Stunden bis zum Anbruch des nächsten Tages, um möglichst viele der so sehnsüchtig erwarteten 767 Seiten des Buches zu lesen. Und sicher wunderte es keinen, der an dieser magischen Nacht teilnehmen durfte, dass ein halbes Jahr später ein sicherlich mit Eulenpost verschickter Brief bei Mäx Wasserburger in der Kreuzstraße 4 eintraf, in der ihr Albus Dumbledore persönlich dazu gratulierte, dass ihr unter über 250 Einsendern der Hauptgewinn des vom Carlsen Verlag ausgeschriebenen Wettbewerbs zugesprochen wurde! Eine Reise nach London für zwei Personen, auf der sie vermutlich schon wieder die nächste ebenso unterhaltsame wie lesefördernde Veranstaltung für alle austüftelte, die ihr Glück in den Seiten eines Buches finden.

Das explosive Ende des Schlachthofs

Modern und zeitgemäß sollte er sein. Doch der neue Schlachthof, der auf emsiges Betreiben des Städtischen Oberveterinärrats Dr. Hermann Späth gebaut wurde, stand offenbar unter keinem guten Stern. Das Projekt flog den Beteiligten im September 1973 im wahrsten Sinne des Wortes um die Ohren. 13 Tote waren zu beklagen, als es zu der fatalen Detonation kam.

Die Trauer und die Anteilnahme waren weit über die Grenzen der Stadt hinaus groß. Selbst 40 Jahre später erklärte der beliebte Veterinär Dr. Späth, dass ihn das Entsetzen nie wirklich losgelassen hat. „Ich habe jeden Einzelnen von ihnen gekannt“, berichtet er von den tragischen Schicksalen und den vielen Toten. „Ich bin noch heute sehr betroffen, wenn ich an dieses schreckliche Unglück denke.“

Als Veterinär des Schlachthofs gehörte er zu den Verantwortlichen und wurde vor Gericht gestellt. Letztendlich ließ sich nicht so ganz genau ermitteln ließ, was tatsächlich geschehen war. Es könnte ein technischer Defekt gewesen sein, heißt es. Und der hätte vermieden werden können, behauptete Späth, der inzwischen verstorben ist. Er berichtete von Gummiverbindungen, mit denen man die gepressten Stahlrohre der Gasleitungen zusammengefügt hätte. Von Anfang an habe ihm das widerstrebt.

Am 9. September 1973 bemerkte ein Maschinist am frühen Morgen gegen 7 Uhr, dass etwas nicht stimmte, berichtete Späth. Es habe nach Ammoniak gerochen, sagte ihm der Mann später. Alarmiert von dieser Entdeckung verließ er das Gebäude, um das zentrale Verwaltungsbüro der Stadtwerke zu kontaktieren. Im gleichen Moment flog hinter ihm das Gebäude in die Luft und riss bei der gewaltigen Detonation 13 Menschen in den Tod.

Der Schock saß tief. Die Schilderungen der Augenzeugen klangen schrecklich. Von einem Atompilz, der über dem Schlachthaus gestanden habe, war etwa die Rede, vor allem aber von einem ohrenbetäubenden Krach, als der Kühltrakt in die Luft flog. Mauern stürzten um und verschütteten die wenigen Überlebenden und die Toten, die fast alle zum Kreis der Schlachter gehörten. Gleichzeitig riss im Hof eine mächtige Druckwelle alles mit sich. Nicht nur Gegenstände. Auch Menschen. Zurück blieb ein einziges Trümmerfeld.
Wenige Minuten später wurde Großalarm ausgelöst. Noch während dichte Staubwolken über dem Areal lagen, wurden erste Verletzte geborgen und in umliegende Kliniken verbracht. Schnell zeigte sich, dass für viele Opfer jede Hilfe zu spät kam. Nur mehr Tote konnten geborgen werden. Die eingesetzten Hel-

Bei dem verheerenden Unglück von 1973 blieben von dem modernen Schlachthof nur Trümmer übrig.

fer waren angesichts dieser Katastrophe fassungslos. Ein Arzt erlitt einen Schock, war den Medien zu entnehmen. Obendrein brach sich einer seiner Kollegen in der Trümmerlandschaft ein Bein.

Immer mehr Helfer trafen am Unglücksort ein. Sowohl deutsche Soldaten als auch Abordnungen der französischen Besatzungskräfte, die in der Stadt stationiert waren, suchten vom frühen Morgen an mit Spezialgeräten nach Opfern. Aber auch zivile Unterstützer halfen. Während das Technische Hilfswerk, die Feuerwehr und das Rote Kreuz alle verfügbaren Kräfte zusammenzogen, blieben manche Bürger spontan stehen, gingen nicht zur Arbeit, sondern packten an, Autohändler und Bauunternehmer brachten, ohne lange Fragen zu stellen, Fahrzeuge herbei.

Erst im Laufe des Tages wurde das Ausmaß der Explosion deutlich. Die Toten wurden in der benachbarten Kantine des Schlachthauses aufgebahrt. Die Kollegen, Nachbarn oder gar Angehörige zu identifizieren, war angesichts der schrecklichen Verletzungen und Entstellungen ein grausames Unterfangen. Das Entsetzen war groß, wie bei einer frischgebackenen Ehefrau, die schwanger war. Erleichterung machte sich breit, wenn der Gesuchte sich nicht in der provisorischen Leichenhalle befand. Auch der Sachschaden war enorm. Er wurde auf mehr als drei Millionen Mark geschätzt. Mit dieser Tragödie endete vorerst der Traum eines modernen Schlachthofs in Baden-Oos. Zerstört wurde damit auch ein Vorzeigegebäude der Stadt.

Neben den vielen Schaulustigen, die sich am Ort des Geschehens einfanden, um einen Blick auf die Szene zu erhaschen, kamen Politiker nach Baden-Baden. Der baden-württembergische Ministerpräsident Dr. Hans Filbinger sicherte den Hinterbliebenen der Opfer am selben Tag rasche und unbürokratische Hilfe zu, während sich Landtagspräsident Camille Würz gemeinsam mit dem damaligen Umweltminister Dr. Friedrich Brünner vor Ort ein Bild machte.

Für die Stadt und für die Zunft hatte diese Katastrophe enorme Auswirkungen. Bis zu diesem Zeitpunkt gab es in Baden-Baden 32 Metzgermeister. Betrachtet man die Anzahl der Opfer, die es zu beklagen galt, war im Grunde jeder Betrieb beziehungsweise jede Familie betroffen. Vor Ort saß der Schmerz sehr tief. Ein Jahr später veröffentlichten die Angehörigen und Verletzten eine Anzeige, mit der sie den Kollegen gedachten und sich für die Hilfe bedankten. „Wir gedenken unserer 13 Toten, die vor einem Jahr bei der unfassbaren Explosionskatastrophe am städtischen. Schlachthof ihr Leben gaben."

Der Junker, die graue Frau und Agnes von Baden

Wenn die Herbststürme über den Schwarzwald hinwegbrausen und zwischen den mächtigen Baumriesen dichte Nebelschwaden aufsteigen, scheint es, als rückten die Berge näher an die Stadt heran. Eine düstere Atmosphäre entsteht und speist damit einen schier unerschöpflichen Quell aus Sagen und Geschichten, die sich bis heute halten. Sie sind blutrünstig und gruselig. Und sie spielen – damals wie heute – in den Kreisen der Reichen und Schönen. Die Bewohner der zahlreichen Burgen und Schlösser ringsum befeuerten naturgemäß den Promiklatsch von einst. Alles Spuk und Fantasie wie etwa der Geist vom Mummelsee, der in achtzehn Meter Wassertiefe in einem Kristallpalast lebt? Wer weiß das schon ...

Nun gibt es Geschichten, die einen wahren Kern haben mögen. So wie bei der Sage, die sich um Junker Burkart Keller und seinen schrecklichen Tod rankt. Ein Monument und ein steinernes Kreuz, die beide nach ihm benannt wurden, belegen, dass an der Sage etwas dran sein muss. Sie lässt sich sogar zeitlich eingrenzen. Die Geschichte spielt zwischen 1479 und 1493, in einer Zeit, in der Katharina von Österreich im alten Schloss Hohenbaden ihren Witwensitz nahm. Ihr Sohn Markgraf Christoph I. überließ ihr das Anwesen, als er in das Neue Schloss am Florentinerberg übersiedelte.

Freiherr Burkart von Keller lebt ebenfalls im alten Schloss und stand in den Diensten Katharinas. Es heißt, das Herz des Junkers habe für Klara von Tiefenau, die Tochter des Vogts der Burg Kuppenheim, geschlagen. Wann immer er konnte, ritt der junge Mann durch den düsteren Wald, hin zur Angebeteten. Die Sage erzählt von einer seltsamen Frau, die dem Freiherrn bei

Vom Burgfried soll der kleine Sohn der grauen Frau aus deren Armen gefallen und in die Tiefe gestürzt sein.

einem nächtlichen Heimritt erschien. Am Ende verlor Burkart Keller im wahrsten Sinne des Wortes den Kopf. Er musste sein junges Leben lassen, als ihn die geheimnisvolle Frau umarmte. Ein Knecht, der seinem Herren heimlich gefolgt war, will Zeuge gewesen sein. Den Freiherrn fand man am anderen Morgen tot. Diese Stelle ziert bis heute ein Bildstock. Errichtet worden sei er von Kellers Bruder. Ein paar Hundert Meter weiter befindet sich das Kellerskreuz und zieht besonders in der Dunkelheit der Mittsommernächte wagemutige Wanderer an. Wenn bei solchen Gelegenheiten der Wind durch die Bäume streicht und das Käuzchen dreimal ruft, sind Junker und Nymphe nicht alleine im Wald. Andere ruhelose Seelen treiben ihr Unwesen.

Ein weiterer spektakulärer Todesfall sorgt dafür, dass noch jemand nicht zur Ruhe kommt. Die berüchtigte graue Frau. Auch sie lebte – wenngleich lange vor Katharina von Österreich – laut Überlieferung einst im alten Schloss. Eine grausame Fürstin sei sie gewesen. Ihre Untertanen bekamen das zu spüren.

Hohe Abgaben und Folter bei Ungehorsam prägten ihren unmenschlichen Regierungsstil.
Eines Tages wandte sich das Schicksal gegen sie. Als sie mit ihrem kleinen Sohn auf den Armen den Turm der Burg erklomm, hielt sie das Kind in die Höhe und sprach zu dem Knaben: „Blicke hinaus und zähle Dörfer, Flecken und Höfe! Du kommst damit zu keinem Ende. So weit deine Augen reichen, sind Mann und Weib dir untertan. Zwinge sie dereinst unter deine Knute und schenke ihnen keinen Fron, auf dass du wohl lebest auf Erden!“ Da entglitt ihr der Knabe und stürzte hinab in die Tiefe. Stunden und Tage habe man nach seiner Leiche gesucht. Gefunden wurde sie nie. Ein schwerer Schock für die Mutter. Immer dann, wenn es nachts stürmt und regnet, hört man die Fürstin in der Grabesgruft lautstark klagen und rufen.
Auch Agnes von Baden hatte viele Gründe, zu jammern und zu wehklagen. Im 15. Jahrhundert wurde sie von Markgraf Jakob I., ihrem eigenen Bruder, für rund 40 Jahre lang auf Burg Alt-Eberstein festgesetzt. Dabei hatte ihr Erwachsenenleben durchaus vielversprechend begonnen. Als Agnes 24 Jahre alt wurde, wollte ihr Bruder sie verheiraten. Als Bräutigam hatte er Herzog Gerhard VII. von Schleswig auserkoren. Im Juni 1432 wurden die vertraglichen Grundlagen geschaffen und die Braut reiste in ihre neue Heimat.
Offenbar stand die Ehe unter keinem guten Stern. Kaum angekommen, musste der frischgebackene Gemahl wegen eines Krieges gegen Dänemark spontan abreisen. Die Hochzeitsnacht konnte nicht stattfinden, die Ehe war also formal nicht vollzogen. Allerdings kam Agnes bereits drei Monate nach der Hochzeit mit den Zwillingen Katharina und Heinrich nieder. Das war ein Eklat. Handelte es sich etwa um Kuckuckskinder, die Agnes ihrem Gatten als mögliche Erben unterjubeln wollte? Weit gefehlt: Her-

zog Gerhard, der im Oktober von seinem Feldzug zurückkehrte, stellte sich schützend vor seine Frau und gestand: Er habe nicht warten wollen und die Hochzeitsnacht heimlich vorverlegt, Monate bevor er in den Krieg zog. So hätte nun alles gut sein können. Doch dann zog Gerhard sich ein schweres Lungenleiden zu. Agnes erhoffte sich in Baden-Baden Heilung für ihn. Die Reise überlebte der Herzog jedoch nicht. Nach Gerhards Tod machte ihr Schwager Adolf VIII., schon alleine, um seine Erbansprüche zu untermauern, sogleich Nägel mit Köpfen. Agnes

Die Ebersteinburg wurde für Agnes zum Gefängnis.

durfte weder zurück in die Heimatstadt ihres verstorbenen Ehemannes, noch wurde ihr der Kontakt zu ihren Zwillingen erlaubt. Das Gerücht um die falsche Vaterschaft hielt sich hartnäckig. Auf Geheiß des Schwagers wurde ihr sogar die ihr zustehende und vertraglich vereinbarte Witwenversorgung verweigert. Agnes schrieb ihrem Bruder und bat um Hilfe. Als dies nicht den gewünschten Erfolg brachte, reiste sie persönlich nach Baden-Baden und brüskierte damit ihren Bruder. Der hätte der Schwester lieber einen weiteren Mann an die Seite gestellt, doch Agnes entzog sich nachhaltig der Hochzeitsplanung. Sie verlobte sich kurzerhand und eigenmächtig mit einem verarmten Adeligen. Nun hieß es, diese Verbindung habe schon in ihrer Jugend bestanden, was einen mächtigen Skandal heraufbeschwor. Es wurde gemunkelt, dass der neue Verlobte der leibliche Vater der Zwillinge sein könnte. Markgraf Jakob I. machte kurzen Prozess und ließ seine Schwester Agnes angesichts dieses vermuteten Skandals auf der alten Burg Alt-Eberstein festsetzen. Auch ihren Kindern erging es schlecht. Man fürchtete, sie könnten Erbschaftsansprüche erheben. So wurde Agnes' Tochter in ein Kloster gegeben und kam dort unter nicht geklärten Umständen früh zu Tode. Der Sohn soll beim Spielen ertrunken sein. Eine niederdeutsche Chronik spricht allerdings von einem geplanten Mord, beauftragt durch Adolf VIII. Belegen lässt sich das heute wohl kaum mehr. Fest steht jedoch, dass das Schicksal sehr hart mit der armen Agnes verfuhr. Ihr Gefängnis sollte sich nie mehr öffnen. Ihr Bruder verzieh ihr nicht. Er hatte vorsorglich verfügt, dass seine Schwester selbst nach seinem Ableben nicht auf freien Fuß kommen dürfe. So verstarb sie, obendrein erblindet, im Alter von knapp 65 Jahren in Einsamkeit.

Die Sternenfrau

„Meine allerersten Aufnahmen waren einfach nur komplett schwarz.“ Diesen Satz kennt wohl so ziemlich jeder, der vor der Einführung der digitalen Fotografie seine ersten Bilder geschossen hat und nach dem Entwickeln des Films eine herbe Enttäuschung erleben musste. Und wenn die Aufnahmen ausnahmsweise mal nicht schwarz waren, dann eben verwackelt, unscharf, überbelichtet oder es lief jemand durchs oder aus dem Bild. Auf alle Fälle war der Moment, den man doch eigentlich für die Ewigkeit festhalten wollte, unwiderruflich vorbei.

Irgendwie beruhigend zu wissen, dass es auch Nathalie Dautel so erging, die in den letzten 20 Jahren zu der prominentesten Fotografin der Kurstadt geworden ist und deren Naturaufnahmen Baden-Baden in seiner unvergleichlichen Schönheit zur Geltung bringen. Ihre Bildbände und Kalender begeistern Jahr für Jahr Hunderte von Menschen und ihr Archiv von inzwischen über 20.000 Fotos lässt kaum einen sehenswerten Winkel von Stadt und Umland aus. Dafür ist die Fotokünstlerin Tag und Nacht unterwegs und weiß längst, an welchem Ort sie sich zu welcher Jahres- und Tageszeit mit der Kamera auf die Lauer legen muss, um ihrer Sammlung eine weitere Trophäe hinzufügen zu können. Und wenn an diesem Tag das Wetter nicht stimmt oder sonst etwas dazwischenkommt, wartet sie eben bis zum nächsten Jahr, um einen neuen Anlauf zu unternehmen.

Die wenigsten aber werden wissen, dass Nathalie Dautels Fotoleidenschaft auf dem Gebiet der Astro-Fotografie, einer fast ausschließlichen Männerdomäne, begonnen hat. Von frühester Kindheit an hat es sie fasziniert, auf welche unzähligen Weisen das Licht die Welt in immer neue Farben taucht. Ganz besonders das geradezu magische Licht des Mondes in der Nacht.

Ein echter Verkaufsschlager: Der Verlauf der Baden-Badener Sonnenfinsternis 1999.

Bevor sie ihre ersten eigenen Fotos machen durfte, musste sie sich allerdings bis zu ihrem elften Lebensjahr gedulden. Dann erst bekam sie zu ihrer französischen Kommunion eine Instamtic-Kamera geschenkt. Und der Vollmond wurde ihr erstes Motiv. Wo aber manch anderer angesichts der Enttäuschung der ersten entwickelten Negative die Flinte ins Korn geworfen hätte, war der Ehrgeiz der jungen Fotografin erst richtig angestachelt. Das benötigte Wissen eignete sie sich aus Magazinen und im persönlichen Austausch an. Da eine professionelle Ausrüstung in den 80er-Jahren im unerschwinglichen vierstelligen Bereich gehandelt wurde, blieb es zunächst bei der einfachen Kamera, mit der sie aber bald erste Erfolge verzeichnen konnte.

Erst Jahre später, als sie parallel zum Studium der Soziologie in der Baden-Badener Fußgängerzone jobbte, war es ihr möglich, ihre Fotoausrüstung zu erweitern und vor allem ein erstes Teleskop zu erwerben. Sie profitierte enorm von der Ausrüstung und den neuen Erfahrungen an ihrem Arbeitsplatz bei Photo Porst und es entstanden Serien von Himmelsfotos, die sie aus dem elterlichen Haus in der Lilienmattstraße aufnahm. Dort war die Lichtverschmutzung im Vergleich zu anderen Stadtteilen relativ gering. Ein weiteres neues Projekt war schnell gefunden, als sie in einem der ersten Internet-Foren vom Auftreten von Polarlichtern selbst im tiefen Südwesten Deutschlands erfuhr. Umgehend kaufte sich Nathalie Dautel einen hochempfindlichen Spezialfilm und lag von diesem Moment an in den frühen Abendstunden auf der Lauer, um dieses seltene Naturphänomen auf Papier zu bannen.

Die Polarlichter ließen auf sich warten und als sie wieder einmal nach Einbruch der Dunkelheit auf den magischen Moment wartete, bekam sie in einer lauen Sommernacht einen so atemberaubenden und nicht enden wollenden Sternschnuppenschwarm vor die Linse, dass sie den teuren Film in die Kamera lud und einfach draufhielt. Ein Wagemut, für den sie belohnt wurde, als sie nach der Entwicklung der Fotos ein Bild in den Händen hielt, dass alle ihre Erwartungen übertraf. Auch als sie es ins Internet stellte, um es von Gleichgesinnten begutachten zu lassen, re-

Jahrelang eines der meistbetrachteten Bilder im Internet zum Stichwort Perseiden.

agierten die voller Begeisterung. Damit nicht genug, denn wenig später meldete sich sogar die NASA bei ihr und fragte, ob sie dieses Bild – natürlich kostenfrei – zu Lehrzwecken nutzen dürfe. Ohne groß darüber nachzudenken, stimmte Nathalie Dautel zu und durfte in den kommenden Wochen erleben, wie ihr Bild sich in atemberaubender Geschwindigkeit im Netz verbreitete. Noch lange Zeit später landete ihr Foto auf Platz 1, wenn man im Internet nach „Perseiden" suchte. Leider wurde ihr Name nicht genannt.

Ihr zweiter großer Coup waren die Bilder der Sonnenfinsternis im Jahr 1999, die sich zu einem echten Verkaufsschlager entwickelten und zu deren Entstehungsgeschichte es sogar ein Interview im NDR gab. Nathalie Dautel erinnert sich an den Nervenkitzel dieses Tages, als eine dichte Wolkendecke über der Kurstadt lag und unzählige Baden-Badener glaubten, ihre Schutzbrille vergeblich gekauft zu haben, bis sich die Wolken genau zum rechten Augenblick teilten und die Sicht auf das Naturspektakel freigaben! Wenige Jahre später, im digitalen Zeitalter angekommen, sollte es Nathalie Dautel übrigens gelingen, endlich das Auftreten der Polarlichter in der Kurstadt erfolgreich vor die Linse zu bekommen, womit sie endgültig im Olymp der Baden-Baden Fotografen angekommen war.

Ein Porsche im Gefängnis

Inzwischen ist es komplett verschwunden, abgebrochen. Doch die Erinnerung an das alte Gefängnis aus dem Jahr 1938, in dem bis 1990 schwere Jungs, aber auch Promis wie etwa Ferdinand Porsche einsaßen, bleibt. Mörder, die kaltblütig unliebsame Personen aus dem Weg geräumt haben, Hassardeure, Diebe, Räuber und andere Zeitgenossen, die auf die ein oder andere Weise mit dem Gesetz in Konflikt geraten waren, mussten gegenüber der Caracalla-Therme ihr tristes Dasein hinter dicken Mauern fristen.

Es müssen schlimme Zustände geherrscht haben, glaubt man den Geschichten, die erzählt werden. Einst für Einzelbelegungen geplant, wurden die kargen Zellen später zur vorübergehenden Wohnstätte von zwei, manchmal sogar drei Männern. Die Versorgung der Insassen war eher schlecht als recht, erinnert sich Alexander Bergengrün, ehemaliger Lehrer der Klosterschule vom Heiligen Grab. Ende der 1970er-Jahre rief er ein Schülerprojekt ins Leben, um die Versorgung der Inhaftierten zu verbessern. Rückenwind gab es von der Priorin. „Sie sah unsere Tätigkeit als eines der sieben Werke der Barmherzigkeit", erläutert Bergengrün. Es entstand ein Gemeinschaftswerk, das sich für die Häftlinge zum echten Rettungsanker entwickelte. Dem kargen Speiseplan wirkte die Gruppe auf verschiedene Art entgegen. Kuchen wurde fürs Wochenende gebacken, Kaffee, Sahne und Zucker beschafft, eine frühe Form der Tafel angestoßen, um zusätzliche Lebensmittel für die Küche zu organisieren. Dennoch blieben die Verhältnisse auf lange Zeit hin jämmerlich, erinnert sich Alexander Bergengrün. So war es den Häftlingen kaum möglich, ihre Zellen zu verlassen, an den personell knapp besetzten Wochenenden kamen sie nicht mal in den Innenhof.

Wie mag es erst im Baden-Badener Gefängnis zugegangen sein, als Ferdinand Porsche (1875–1951) nach dem Ende des Zweiten Weltkriegs für ganze 21 Monate einsitzen musste? Es sei vorweggenommen, dass der Autokonstrukteur letztendlich von den Vorwürfen freigesprochen wurde.

Es war wohl sein Wissen, das bei den Alliierten Begehrlichkeiten weckte. Wie viele andere deutsche Ingenieure geriet er deshalb in den Fokus. Der Krieg war kaum vorüber, als Porsche im Juli 1945 in seinem Wohnort Gmünd/Österreich von den Amerikanern verhaftet wurde. Man war an seinen Konstruktionszeichnungen interessiert, was dem immerhin schon 70 Lenze zählenden Porsche einen dreimonatigen Aufenthalt in einem hessischen Internierungslager eingebracht haben soll, ehe er wieder auf freien Fuß und zurück zu seiner Familie nach Österreich kam.

Das Baden-Badener Gefängnis.

Alexander Bergengrün initiierte mit seinen Schülern viele Aktionen, um die Versorgung der Häftlinge im Baden-Badener Gefängnis zu verbessern.

Bald darauf klopften die französischen Alliierten bei ihm an. Man lud Ferdinand Porsche – zunächst höflich – ins Hauptquartier nach Baden-Baden ein. Ein interessanter Entwicklungsauftrag sollte besprochen werden. Aus dem ausgehandelten Vertrag wurde allerdings ein Gefängnisaufenthalt. Stöbert man ein wenig im Internet, finden sich Hinweise, dass man mit dem bekannten Autoingenieur ein böses Spiel trieb. Zunächst sorgten die französischen Alliierten für eine feudale Unterbringung des Ingenieurs, seines Sohnes Ferry, Schwiegersohns Piëch und Neffen Herbert Kaes. Dann aber stand die französische Sicherheitspolizei vor der Tür und sorgte für einen Albtraum. Ferdinand Porsche wurde inhaftiert, obwohl er gesundheitlich stark angeschlagen war. Die Haftbedingungen waren sehr schlecht.

Während Ferry Porsche und Herbert Kaes im März 1946 nach Bad Rippoldsau verlegt wurden, durfte Ferdinand Porsche dem Baden-Badener Gefängnis erst zwei Monate später den Rücken kehren. Er wurde zusammen mit seinem Schwiegersohn nach Paris gebracht, wo man versuchte, von dem Können und Wissen des legendären Konstrukteurs zu profitieren. Von einer hohen Kaution ist die Rede, die ihm letztlich im August 1947 die Heimkehr ermöglicht haben soll. Ob der Vater des Volkswagens, wie man ihn nannte, in dieser Zeit die Weichen für ein französisches Pendant gestellt hat, bleibt bis heute Spekulation. Ebenso, ob im Renault 4 CV, der von 1946–1961 gebaut wurde, vielleicht ein kleines bisschen Porsche steckt.

Ferdinand Porsche starb nur wenige Jahre nach seiner Heimkehr am 30. Januar 1951. Baden-Baden dürfte in seiner Erinnerung kaum einen guten Platz eingenommen haben.

Der Wellness-Tempel der Jesuiten

Überall scheint das heiße Thermalwasser aus einer Tiefe von rund 2000 Metern an die Oberfläche zu sprudeln. Zwölf Quellen, angereichert mit den verschiedensten Mineralien, bescheren der Stadt und ihren Bewohnern täglich rund 800.000 Liter, gut temperiert auf rund 70 Grad Celsius. Ein echtes Markenzeichen Baden-Badens, das schon von den alten Römer genutzt und geschätzt wurde.

Auch die Jesuiten, die seit dem 17. Jahrhundert am alten Marktplatz zu Hause waren, schätzten diese Art der Wellness. Es ist überliefert, dass den Padres ein amtlich eingeräumtes Thermalwasser-Bezugsrecht zustand. Dass dieses rege genutzt wurde, ist dokumentiert. Da das einstige Kloster in großen Teilen erhalten ist – das meiste dient heute als Rathaus – stellt sich naturgemäß die Frage: Wo befanden sich diese historischen Bäder und wo sind sie geblieben? Stadtarchivarin Dagmar Rumpf gab sich nicht damit zufrieden, dass sie so einfach verschwunden sein sollten. Während die Stadt auf vielen Ebenen um den Titel als Weltkulturerbe kämpfte, machte sie sich auf die Suche nach dem abhandengekommenen Wellness-Tempel der Jesuiten. Mithilfe historischer Pläne aus dem Landesarchiv vermochte sie den Standort grob zu lokalisieren. Allerdings war es im Laufe der Zeit zu erheblichen Veränderungen gekommen. So war die barocke Kirche, die einst zur Anlage gehörte, vor langer Zeit abgebrochen worden.

Es schien so, als sei im Rathaus niemandem auch nur im Entferntesten etwas aufgefallen, was sich als Badeeinrichtung aus der Zeit um 1715 identifizieren ließ. Dennoch hielt Dagmar Rumpf die Suche nicht für aussichtslos. Bäder dieser Art waren in jener Zeit keineswegs außergewöhnlich. Besonders nicht in

Zonen, die reich an heißem Thermalwasser sind. Dieses Wissen stützte ihre Zuversicht. Es galt sie einfach nur zu finden, die Stelle, an der die Jesuiten-Padres zu Bade schritten.

Historische Akten liegen in den historischen Wannen.

Fündig wurde sie hinter blind gemachten Fenstern, die sich keinem der bekannten Büros zuordnen ließen. Zur Überraschung ihrer Kollegen fand sich im Innern des Rathauses, am Ende eines Archivraums, der Zugang zu einem kleinen verborgenen Zimmer.

Ganz unauffällig und über Jahre nicht weiter von den Nutzern der Aktenablage zur Kenntnis genommen, kam bei der gezielten Suche eine Art Holzgatter zum Vorschein. Ein Zugang, der sich allerdings aufgrund der vorgebauten schweren Aktenregale nur teilweise öffnen lässt. Wer sich durch einen kleinen Spalt hindurchzwängt, taucht ein in die Geschichte und erhascht einen Blick auf die verschollenen Jesuitenbäder, die sich in einem leicht erhöhten Raum befinden. In deren Boden sind zwei rechteckige Wannen eingelassen, bedeckt vom Schmutz der Jahrhunderte.

Bis dato ist diese überraschende Entdeckung nicht näher untersucht worden. Lediglich die wilde Entsorgung von Altakten aus den 1940er-Jahren belegt, dass man durchaus Kenntnis von dem Raum hatte. Ob man die Bedeutung allerdings erfasste, als man Ordner in die historischen Wannen warf, ist nicht bekannt. So besteht jetzt zwar Gewissheit, wo die früheren Jesuitenbäder zu finden sind, ob dieser Schatz irgendwann auch gehoben wird, bleibt fraglich. Großes Interesse scheint bis dato nicht zu bestehen.

Selbst den historischen Thermalstollen ist es in der früheren Vergangenheit nicht wirklich besser ergangen. Was einst die Römer angelegt haben, wurde Jahrhunderte später beim Fassen der Quellen offenbar wenig rücksichtsvoll behandelt. Die historischen Stollen, die bis heute genutzt werden, zu betreten, ist ein wahrlich heißes Abenteuer, das gleich hinter massiven Türen beginnt. Gut geschützt vor unbefugtem Zugang eröffnet der Weg, der am Fuß des Florentinerbergs beginnt, nach kaum fünf Schritten eine wahrlich atemberaubende Welt. Die Hitze ist unglaublich, die Feuchtigkeit sofort spürbar. Die Luft zum Atmen wird knapp, schlägt sich mehr auf Haut und Kleidung nieder, als dass sie in die Lungen zu gelangen scheint. Kameras streiken. Brillen beschlagen. Ein veritables Saunagefühl stellt sich ein. Gemütlich ist es dennoch nicht.

Je weiter man über diese über hundert Meter langen bereits in der Römerzeit angelegten Gänge in den Berg vordringt, desto niedriger und enger wird es. Sich an den Wänden festzuhalten, ist folglich wenig ratsam. Die Luft ist im wahrsten Sinne des Wortes zum Schneiden dick. Der Gedanke, dass in diesem für den Publikumsverkehr gesperrten Stollen bereits die Römer Hand angelegt haben sollen, um sich zumindest einen Teil der heißen Quellen zunutze zu machen, wird schon nach wenigen Schritten angesichts der heißen Dampfschwaden zur Nebensache.

Die Spuren, die die Römer hinterlassen haben, lassen sich an vielen Stellen in der Stadt ablesen. Über der Bädergarage sind beispielsweise die Ruinen der Soldatenbäder zu besichtigen. Selbst die zweifarbigen Pflastersteine auf dem alten Marktplatz zeichnen Verläufe von gefundenen Mauerfragmenten nach, die als schwarze Linien aufzeigen, wo einst die Bäder für die römische Obrigkeit zu finden waren.

Die Nachtwanderung

Für viele von uns gehören Nachtwanderungen zu den herausragenden Kindheits- oder Jugenderlebnissen. Wer dabei beweisen wollte, wie abenteuerlustig oder mutig er ist, lenkte seine Schritte aus bewohntem oder offenem Gelände gerne in den Wald, wo man bei jedem Rascheln und Knacken, vor allem aber beim Geräusch eines anderen Lebewesens, zusammenzuckte und die magische Mischung aus Licht, Schall und Dunkelheit der eigenen Fantasie Flügel verlieh. Kein Wunder, dass die meisten der von den Menschen erdachten Geister und Ungeheuer im Dunkeln zu finden sind. Ist man aber erwachsen und schafft es, seine Ängste und Trugbilder zu überwinden, kann man den Zauber der dunklen Umgebung wahrnehmen, die sich dem Betrachter nur im Licht der Nacht offenbart und deren Faszination man nicht sich nicht entziehen kann: Ein vom Sternenlicht in silbernen Glanz getauchter Weg, die zahllosen Nuancen von Farben, wo man zunächst nur Schwarz und Grau gesehen hat, und die Pracht des Firmaments ziehen den Mutigen in ihren Bann.

Das Glück einer solchen Nachtwanderung wurde im 19. Jahrhundert zwei der prominentesten Bewohner unserer Stadt zuteil und zwar keinen Geringeren als Clara Schumann und Johannes Brahms, wie sich einem Brief der berühmten Pianistin und Komponistin vom 16. September 1865 entnehmen lässt: „Wie prachtvoll jetzt das Laub, können Sie sich nicht denken. Gerade zwischen den dunklen Tannen sieht das röthlich gefärbte Laub so wunderbar schön aus! – Neulich haben wir bei Vollmond eine prachtvolle Parthie gemacht, wir sind Nachts 2 Uhr auf die Ihburg gegangen, haben dann um 5 Uhr die Sonne dort aufgehen sehen, und sind durch die schönsten Wälder auf der anderen

Clara-Schuman-Vitrine zu einer Sonderausstellung im Brahmshaus.

Seite der Ihburg herunter nach Lichtenthal, wo wir erst mittags, freilich todmüde, wieder eintrafen. Ich werde diese Parthie aber nie vergessen – es war zu schön."

Auch wenn wir den genauen Wegverlauf, für den sich die beiden entschieden haben, nicht kennen, wissen wir aus zeitgenössischen Karten und Aufzeichnungen, dass bereits ein komfortables Wegenetz den Baden-Baden Stadtwald durchzog. Die meisten Gäste der damaligen Sommerhauptstadt Europas dürften die Wege freilich öfter in einer bequemen Kutsche befahren haben, als dass sie die Wanderstiefel geschnürt hätten. Der naturverbundene Johannes Brahms verbrachte im Jahr 1865 zum ersten Mal eine längere Zeit in Baden-Baden und nutzte seinen Aufenthalt, um Wald und Wege um die Stadt herum zu erkunden. So war er gut vorbereitet, als er die „prachtvolle Parthie" plante und Clara Schumann mit der Nachtwanderung überraschte. Wir können uns gut vorstellen, dass er die von ihm verehrte Freundin nach einem kurzen Spaziergang von seiner Wohnung in Lichtental die Oos abwärts bei ihrem Häuschen an der Aubrücke abholte, um weiter am Fluss entlang bis auf die Höhe des heutigen Alleehauses zu laufen. Von hier aus verlief eine bequeme und gut ausgebaute Straße in Richtung Fremersberg, die den beiden sehr vertraut war, und diese führte sie schließlich sowohl an der Villa von Iwan Turgenjew als auch am Wohnsitz von Pauline Viardot vorbei, der Clara Schumann jahrzehntelang in tiefer Freundschaft verbunden war.

Bereits damals gab es eine breite Durchfahrt ins Baden-Badener Rebland, von der laut einem Wanderführer aus dem Jahr 1870 gleich mehrere Varianten zur romantischen Ruine der Yburg führten. Vermutlich wählten die beide die etwas längere Route über den Nägelsförster Hof, die am ehesten vom Mond beschienen wurde und die Gefahr eines Strauchelns oder gar Verlaufens auf ein Minimum reduzierte. Dafür spricht auch die im Brief vermerkte vergleichsweise gemütliche Laufzeit von drei Stunden bis zum Sonnenaufgang. Ob sich die beiden auf dem Rückweg über Lache, Louisfelsen und Gelbe Eiche besonders viel Zeit ließen, sich vielleicht sogar verliefen oder Tagesbeginn und Zweisamkeit einfach nur ausgiebig genießen wollten, geht aus dem Bericht Clara Schumanns nicht hervor. Sie lässt jedoch keinen Zweifel daran, dass diese Nachtwanderung für sie ein unvergessliches Erlebnis war.

Wer nun Lust bekommen hat, den Weg der beiden musikalischen Ausnahmetalente nachzuwandern, kann diese Strecke mithilfe einer Wanderkarte, einem Paar guter Schuhe und einem Laufpartner seines Herzens beschreiten – um das Erlebnis hoffentlich in ebenso guter Erinnerung zu behalten, wie Clara Schumann und Johannes Brahms vor mehr als 150 Jahren.

Das Geheimnis der zwei Seen

Zwei Seen voll mit frischem Trinkwasser. Noch dazu im Herzen der Stadt. Wie konnten die einst verloren gehen? So ganz genau weiß man das bis heute nicht. Vermutlich störten sie, wurden abgemauert und gerieten schlichtweg in Vergessenheit. Doch halt: nicht ganz. Das Gerücht um eine eigenwillige Laune der Natur, die vermutlich für die Schaffung dieser kleinen Gewässer verantwortlich ist, hielt sich hartnäckig. Irgendwo unter dem Rathaus soll es einen geheimnisumwitterten Höhlensee geben, sagte man. 1990 ging man der Sache auf den Grund. Ob Fantasie oder Wahrheit, mit den Kenntnissen der Stadtarchivare und dem praktischen Zugriff durch die Feuerwehr wurde gesucht und schließlich gefunden.
Hinter einer dicken Wand vermutete man den See, der die Fantasie der Einheimischen immer wieder beflügelt hatte. Ein rund eineinhalb Meter hoher und ebenso breiter Schacht, der mit einer eisernen Tür verschlossen war, weckte die Hoffnung, dass sich nun auf viele offene Fragen Antworten finden lassen würden. Tatsächlich entdeckte man bei der Inspektion der Örtlichkeiten Wasser. Der Fund stieß auf ein erhebliches mediales Interesse und warf neue Fragen auf, die sich nicht ohne Weiteres beantworten ließen. Kann man es trinken? Stammt es aus den Thermalquellen? Und wo kommt es überhaupt her? Denn es lief – selbst bei anhaltendem Regen – nicht etwa über.
Die Feuerwehr übernahm das Kommando und pumpte kurzerhand die beiden glasklaren Seen, die im Felsen ruhten, leer. Die Durchsuchung des Schlicks brachte allerdings keine wegweisenden Erkenntnisse, es fanden sich auch keine Schätze oder interessante Fundstücke. Lediglich Mühlräder in unterschiedlichen Fertigungsstadien wurden sichtbar. Aber immerhin

wurde nun klar, dass es sich nicht um einen, sondern um zwei kleine, etwa vier Meter tiefe Seen handelt, die dicht nebeneinander liegen. Über ihnen wölbt sich eine Kuppel aus Naturstein. Woher das Wasser stammt, das die Seen speist, lässt sich nicht abschließend ermitteln. Es zeigte sich aber, dass sich die beiden leergepumpten Gewässer ohne fremdes Zutun von selbst wieder auf den vorherigen Wasserstand füllen. Wie aber wird der immer gleiche Pegel gehalten? Man konnte auch keinen Abfluss entdecken, der ja nötig wäre, um eine Überflutung zu vermeiden. Ein weiteres Phänomen ist die stets gleichbleibende Wassertemperatur, die ganzjährig bei 18 Grad Celsius liegt. Angestrengte Untersuchungen zeigten, dass es sich nicht etwa um Thermal-, sondern um Trinkwasser handelt. Herkunft unbekannt. Vermutet wird, dass es sich um gut gefiltertes Sickerwasser handelt, dass durch den Rathausinnenhof in den Boden einsinkt, worunter die kleinen Seen in etwa liegen. Geraume Zeit

Zwei kleine unterirdische Seen geben Rätsel auf.

nach Regengüssen ist zu bemerken, dass es in der Höhle tröpfelt. Das wäre eine Erklärung für den Zufluss. Wohin das Wasser jedoch abfließt, ist nach wie vor ein Geheimnis, ebenso wie die Entstehung. Existierten die Seen bereits, als die Jesuiten ihr Kolleg, in dem sich heute das Rathaus befindet, errichteten? Klar ist, dass Menschen Hand angelegt haben und hier ein kleiner Steinbruch existierte. Stadtarchivarin Dagmar Rumpf hat genauer hingesehen und verweist auf Stellen in der Decke und an den Wänden, die belegen, dass einst dicke Balken im Fels befestigt waren. Welchen Zweck sie erfüllten, ist ebenfalls unbekannt.

Hätte man denn nicht an anderer Stelle viel leichter Stein aus dem Fels hauen können? Eine Frage, mit der sich Dagmar Rumpf ebenfalls befasst hat. Dabei kam sie zu dem Schluss, dass dieser einstige Steinbruch weitaus älter ist als das spätere Jesuitenkolleg sowie der Freihof, der zuvor dort angesiedelt war. In der Zeit vor 1670 habe es im Umfeld nur eine sehr lockere Bebauung gegeben. Ob die Jesuiten um die Existenz des Sees wussten, ist nicht überliefert. So bewahrt diese besondere unterirdische Höhle ihre geheimnisvolle Aura und lädt die Menschen ein, einen Blick durch die dicke Glasscheibe zu werfen, die man beim Bürgerbüro installiert hat, um interessierten Besuchern einen kleinen Blick auf die magischen unterirdischen Gewässer zu ermöglichen.

Sisi und die Lausbuben

Wollte man eine Liste der Berühmtheiten und gekrönten Häupter anlegen, die in Baden-Baden eine Zeit verbracht haben, würde diese wohl einen Großteil dieses Büchleins füllen. Gerade im 19. Jahrhundert, als die Stadt mit Paris um den Titel der Sommerhauptstadt Europas wetteiferte, war es ein ständiges Kommen und Gehen der Schönen, Reichen und Prominenten. Einer dieser Gäste war niemand anderes als Kaiserin Elisabeth von Österreich (1837–1898), bis heute einem Millionenpublikum besser bekannt als Sisi.

Zum Zeitpunkt ihres ersten Besuches hatte die damalige „Kaiserin der Herzen" ihre dunkelsten Jahre bereits hinter sich. Leidgeprüft durch den Verlust einer Tochter, ihre emotional erstarrte Ehe und das strenge höfische Leben verließ die vielseitige begabte Regentin den Wiener Hof regelmäßig und teils über längere Zeiträume hinweg. Diese Fluchten aus dem Alltag waren es, die ihr zumindest das offizielle Leben und die gelegentliche Rückkehr an die Seite Franz Joseph I. möglich machten. So führte ihr verschlungener Lebensweg sie insgesamt viermal ans Ufer der Oos, wo sie sich als Gräfin von Hohenembs in die Gästebücher eintrug. Mit diesem Namen konnte sie, wenn auch nicht ganz inkognito, so doch verhältnismäßig unerkannt, in der Stadt residieren.

Es wird berichtet, dass Sisi nichtsdestotrotz mit ihrem großen Gefolge das Personal des Europäischen Hofes ganz schön auf Trab hielt. Neben ausgesuchten Speisewünschen und einem Stellplatz für eine eigene Kuh, um täglich frische Milch trinken zu können, bestand die Monarchin auf einem für sie reservierten Raum, in dem sie gymnastische Übungen absolvierte und bei einem eigens aus Heidelberg angereisten Fechtlehrer Unter-

richtsstunden nahm. Damit aber nicht genug, frönte die Mittvierzigerin in Baden-Baden ihrer eigentlichen Passion: dem Reiten durch die freie Natur. Diese Leidenschaft hatte sie von ihrem Vater Herzog Max von Bayern geerbt, der ihr, statt ihr für das höfische Leben hilfreiche Tanz- und Benimmstunden zu geben, lieber Bergwander-, Reit- und Angelausflüge gewährte und damit den Grundstein dafür legte, dass seine Tochter zur wohl besten (hochadeligen) Reiterin des 19. Jahrhunderts wurde.
Im Baden-Badener Stadtwald erkundete die österreichische Kaiserin zu Pferde nach Herzenslust verschiedene Wege, um diese Strecken an einem anderen Tag mit ihrer jüngsten Tochter und dem Gefolge zu Fuß oder mit Reiteseln zu wiederholen. Zu den dokumentierten Höhepunkten dieser Expeditionen zählen eine Tour über schmale Wanderwege zum Korbmattfelsen und eine anschließende Einkehr zum Kaffee in der Molkenkur sowie ein Ausflug zum Höhenhotel Sand am 15. Geburtstag ihrer

Im tief verschneiten Kurhotel Sand wurde der 15. Geburtstag von Sisis Tochter gefeiert.

Erzherzogin Marie Valerie (links) wurde gemeinsam mit ihrer Cousine Prinzessin Louise d'Orleans am 3. Mai 1883 im Baden-Badener Atelier Jungmann fotografiert.

Tochter Marie Valerie. Zu dieser Zeit, wir sind im Jahr 1883, war die Kaiserin die verschneite Strecke bereits am Vortag (im Damensattel!) abgeritten, um den Aufstieg mit Tochter und Gefolge bei bereits leichtem Schneetreiben erneut anzugehen. Für die in den Alpen aufgewachsene Elisabeth vermutlich ein Spaziergang, für ihre Begleiter bestimmt eine echte Herausforderung. Erst recht, als nach dem einfachen, aber üppigen Festmahl im Hotel ein Schneesturm aufzog und ein rascher Abstieg über das Grobbachtal notwendig war. Unterstützung fand die Gruppe durch Equipagen, die ihnen am Rande der Stadt entgegenkamen. So fand die brenzlige Situation ein glückliches Ende.

Im weiteren Verlauf des Aufenthalts wird von Ausflügen in der Region bis zum Mummelsee und nach Allerheiligen berichtet. Oft war Sisi bis zu fünf Stunden und länger zu Pferd unterwegs, manchmal in Begleitung eines Stallmeisters, der ihr in angemessenem Abstand folgte. Wir können nur mutmaßen, dass die Baden-Badener Polizei während der Besuche der österreichischen Kaiserin in Daueralarmbereitschaft war, gab es doch bei ihren Abschieden von der Stadt stets üppige Geldgeschenke und Auszeichnungen an Schutzmannschaften und die städtischen Waldhüter. Auch dem Besitzer einer städtischen Reitschule wurde von der kaiserlichen Hoheit nachträglich ein Ehrenzeichen zugeschickt, da er sich offensichtlich zu ihrer Zufriedenheit um die Pferde der Kaiserin gekümmert hatte.

Auf einem der Aufenthalte liegt ein dunkler Schatten, der Kaiserin Elisabeth zum Glück nicht von zukünftigen Besuchen in der Kurstadt abhielt. In einem Artikel der „Frankfurter Zeitung“ wird berichtet, die Monarchin sei bei ihren Ausritten mit Steinen beworfen und im Murgtal sogar eine Kette über ihren Reitweg gespannt worden! Die maßgeblichen „Anschläge“ auf Elisabeth verliefen Gott sei Dank glimpflich. Oberbürgermeister Gönner,

Dieses Porträt der Kaiserin Sisi entstand 1882.

besorgt um den guten Ruf der Stadt, schaltete sich ein, um sicherzustellen, dass die Vorgänge gründlich untersucht wurden. Rasch war eine Handvoll Kinder als Übeltäter ausgemacht, die für das Steinewerfen auf die Prominente, die sie nicht erkannt hatten, verantwortlich gemacht wurde. Und auch für die „gespannte Kette“ fand sich eine schlüssige Erklärung. Bei den Kindern gab es nämlich eine Mutprobe. Einige von ihnen hielten sich an den Händen, wenn ein Pferd mit Reiter nahte, und es gewann derjenige, der sich als Letzter vor Ross und Reiter in Sicherheit brachte. Für diese Ermittlungen und seinen Einsatz wurde Oberbürgermeister Gönner von Kaiser Franz Joseph persönlich mit einem Orden ausgezeichnet.

Carl Hau – ein spektakulärer Mord

Die steinerne Treppe ist steil und schmal. Die Lindenstaffeln hinter dem Theater erscheinen unspektakulär, aber just diese lange Flucht von Stufen, die die Friedrich- und die Kaiser-Wilhelm-Straße verbinden, erreichte 1906 eine gewisse morbide Weltberühmtheit. Von der Weltpresse begleitet, zu Film- und Theaterstücken verarbeitet, soll er sich hier zugetragen haben: der Mord an Witwe Josefine Molitor. Eine Geschichte, die im Milieu der Reichen und der Schönen spielt und am Ende mehr als das eine Opfer forderte.

Der Rechtsanwalt Carl Hau wurde beschuldigt, den tödlichen Schuss auf seine Schwiegermutter, die Medizinalratswitwe Molitor, abgegeben zu haben. In einem außergewöhnlich öffentlichkeitswirksamen Verfahren wurde er zum Tode verurteilt. Eine Begnadigung durch den Großherzog von Baden wandelte das Urteil im Dezember 1907 jedoch in eine lebenslange Zuchthausstrafe. Auch das war kaum eine Erleichterung. Insbesondere nicht, weil Hau die ersten zwölf von 17 verbüßten Jahren in Einzelhaft verbracht haben soll, ehe er auf Bewährung die Haftanstalt verlassen konnte. Ein wirklich freier Mann dürfte er nicht gewesen sein. Carl Hau hatte alles verloren.

Was die Sache bis heute so spannend macht, ist, dass die Geschichte polarisiert. Nach wie vor beschäftigt der Fall die Gemüter und es gibt Zweifel daran, ob Hau zu Recht hinter Gittern schmoren musste. So kam sogar vor wenigen Jahren ein Theaterstück über Carl Hau und die Medizinalratswitwe Molitor auf die Bühne, das im Baden-Badener Theater aufgeführt wurde. Aber was war damals überhaupt geschehen und was machte den Fall so spektakulär, dass Pressevertreter aus der ganzen Welt den Prozess verfolgten und am Tag der Urteilsverkündung rund 20.000 Menschen vor dem Karlsruher Gerichtsgebäude aufmarschierten? Offenbar handelt es sich um eine überaus komplexe, verwirrende Geschichte, die alle Zutaten beinhaltet, die als Grundlage für einen spannenden Krimi dienen könnten.

Carl Hau hatte eine der sechs Molitor-Töchter geheiratet. Ein Schritt, der vielleicht nicht ganz freiwillig vollzogen wurde. Offenbar waren sowohl Lina als auch ihre Schwester Olga vom Bankierssohn Hau angetan. Doch Lina ließ Taten folgen. Man schrieb sich und sie fuhr zu ihm nach Freiburg. Nachdem Linas Geld aufgebraucht war, muss es bereits zu einem befremdlichen Zwischenfall gekommen sein. In der Schweiz beim St. Gotthard fielen Schüsse. Lina wurde dabei leicht verletzt. Auch war die Rede davon, dass beide eine Waffe hatten. Ob er geschossen hat, ob sich die beiden gemeinsam das Leben nehmen wollten? So richtig schlau wurde man nicht aus der Geschichte, zumal Linas Mutter und Carls Vater einschritten. Sie sorgten für geordnete Verhältnisse, kamen für die entstandenen Schulden auf und sorgten dafür, dass die beiden heirateten.

Das frisch vermählte Paar zog nach Amerika, wo Hau – inzwischen Vater geworden – sein Studium beendete. Hau brachte es zu beachtlichem Erfolg in seinem Beruf und reiste viel, etwa in die Türkei. Alles sah nach einem perfekten Leben aus. Doch wie dünn die Schicht war, die sich über einem heißen Geflecht aus Emotionen gebildet hatte, trat im Oktober 1906 zutage. Die junge Familie Hau reiste zusammen mit Olga Molitor nach Paris. Für diese Schwester hatte Hau, wie er später einräumte, durchaus mehr als nur ein oberflächliches Interesse. Im Hotel Regina, in dem sie alle ihre Zimmer bezogen hatten, muss es mächtige Spannungen gegeben haben. Nur wenige Tage später traf in Baden-Baden ein Telegramm von Lina, adressiert an ihre Mutter, ein. Man erwarte sie unverzüglich in Paris, da Olga krank sei.

Hals über Kopf machte sich die Witwe Molitor auf den Weg, nicht ahnend, dass es den Töchtern und der Enkelin gut ging. Später räumte Hau vor Gericht ein, dass er der wahre Absender des Telegramms war. Als Grund nannte er die angespannte Situation, für die er auf eine Lösung hoffte.

Tatsächlich fuhr die Witwe Molitor mit ihrer ledigen Tochter Olga zurück nach Baden-Baden. Er dagegen reiste mit Frau und Kind nach England. In London angekommen, erreichte ihn die Nach-

An den Lindenstaffeln fiel der verhängnisvolle Schuss.

richt eines Klienten, dass er sofort nach Berlin kommen müsse. Er bereitete seine Reise umgehend vor und streute damit eine breite Spur aus Indizien, die ihm später zur Last gelegt wurden. So ließ er sich etwa eine Perücke und einen falschen Bart anfertigen. Außerdem erwarb er einen langen dunklen Mantel, bevor er nach Deutschland reiste.

Vieles von dem, was Hau von da an unternahm, ist nicht wirklich geklärt. So soll er etwa den Bart entsorgt haben, als er – statt nach Berlin zu reisen – nach Frankfurt fuhr. Per Telegramm ließ er Lina wissen, dass das Treffen verlegt worden sei, und ließ sich einen neuen falschen Bart anfertigen. Seine in London gekaufte Perücke ließ er passend dazu einfärben.

Es fanden sich später Zeugen, die sich offenbar aufgrund des falschen Barts an Hau erinnerten, als sie mit ihm am 6. November 1906 im Zug nach Baden-Baden saßen. Diese Reise räumte Hau vor Gericht später ein und nannte als Grund, dass er Olga habe nochmals sehen wollen. Doch dann kam alles anders. Wieder war ein Telegramm im Spiel. Wieder war Josefine Molitor die Empfängerin.

Das Wetter war an diesem Tag eher unwirtlich. Die Witwe wollte wegen der Depeche nicht in die Stadt kommen. Aber der Mann, der sich am Telefon als der Vorsteher des Hauptpostamts ausgab, beharrte auf ihrem persönlichen Erscheinen. Obwohl das Dienstmädchen, das den Anruf angenommen hatte, überzeugt war, dass in Wahrheit Carl Hau am Telefon gewesen sei, lief die Witwe gemeinsam mit Tochter Olga vom Familiensitz in der Stadelhoferstraße los. Die Frauen kürzten den Weg in die Innenstadt wie gewohnt über die Lindenstaffeln ab. Da fiel ein Schuss. Olgas Mutter sank getroffen zu Boden, während man eine schlanke Person mit langem Mantel und großem Hut verschwinden sah.

Nun standen die Dinge schlecht für Hau. Haftbefehl wurde gegen ihn erlassen. Man vermutete ein finanzielles Motiv und die Indizien wogen schwer. Am Abend nach dem Schuss wurde er in London verhaftet und nach Karlsruhe überstellt. Hinter ihm schlossen sich die schweren Zellentüren. Mehr noch: Ehefrau Lina, überzeugt davon, dass er der Mörder ihrer Mutter sei, nahm sich das Leben. Seine kleine Tochter sollte er nie wiedersehen. Lina hatte für eine Namensänderung und die Unterbringung in einer anderen Familie gesorgt, während Carl Hau vor Gericht um seine Freiheit kämpfte.

Die Polizei wurde des Mobs, der an dem spektakulären Verfahren teilhaben wollte, kaum Herr. Sie musste bei der berittenen Gendarmerie und schließlich beim Militär um Hilfe bitten. Am Ende kam es vor den Toren zu Krawallen, während der Angeklagte, so heißt es, vor Gericht keine gute Figur abgab. 72 Zeugen, mehrere Sachverständige und die internationale Presse waren involviert. Doch Hau gestand nicht, wies die Vorwürfe von sich und war offenbar wenig glücklich über seinen Anwalt. Während die Staatsanwaltschaft Gelegenheit und auch Motiv sah, machte die Verteidigung geltend, dass Hau keinen Grund für diesen Schuss gehabt habe. Das alles nutzte ihm bekanntlich nicht.

Als er nach 17 Jahren Zuchthaus endlich freikam, wenn auch nur auf Bewährung, hatte sich die Welt verändert. Er haderte verständlicherweise. Hau schrieb zwei Bücher, in denen er über das Erlebte berichtete. Das bot Zündstoff, was dem Badischen Justizministerium gar nicht passte. Es widerrief die Bewährung. Carl Hau floh nach Italien und nahm sich im Februar 1926 das Leben. Für viele gilt der Fall nach wie vor als nicht eindeutig geklärt. Andere sehen die Indizien, die allzu schwer wiegen. Hau selbst hat nie gestanden.

Verborgene Zugänge – Uhrmacherturm und Unterkirche

Ein kleiner Schritt und schon wechselt der Besucher des Lichtentaler Klosterkellers vom Barock in die Gotik. Doch das ist längst nicht der einzige Hauch von Magie, den es beim Studium der historischen Baupläne des Zisterzienserklosters, die im Landesarchiv liegen, in diesem Stadtteil Baden-Badens zu entdecken gibt. Ein geschickt in der Fassade verborgener Uhrmachterturm, eine Unterkirche, die nie wirklich erforscht wurde, der kleine Raum, in dem die Heiligen Zuflucht fanden, aber auch Lagerräume, in denen einst die Zutaten für die vielgeliebten Klosterliköre aufbewahrt wurden, sind verzeichnet. Verborgen vor den Blicken der Öffentlichkeit werden all diese Geheimnisse im Konvent bestens gehütet.

Nach wie vor versteht man sich auf die Anwendung von Kräutern und die Zubereitung von Likören. Wer die Wirkung von Engelswurz oder der „Angelika" kennenlernen oder vielleicht sogar kosten mag, ist hier richtig. Die Zusammensetzung der Tinkturen und Getränke ist streng geheim. Genau das mag auch der Grund sein, warum man einst eigens einen Uhrmacherturm bauen ließ. Er fügt sich geschmeidig in die Gesamtoptik der mächtigen Fassade im Innenhof ein und fällt – außer bei einer gezielten Suche – kaum ins Auge. Musste nämlich die mächtige Uhr hoch oben über den Haupteingang repariert werden, benutzte der Uhrmacher einen fast unsichtbaren Geheimgang. Über enge Steinstufen führte dieser geradewegs zum Dachboden und dem mächtigen Uhrwerk. Bis heute übrigens.

Es lohnt sich also, bei einem Besuch des Klosters genauer hinzuschauen und auf die verborgenen Zugänge, geheimnisvollen Wölbungen und Türme zu achten. Vor allem ist vieles, was sichtbar ist, nicht das, was es zu sein scheint. So gab etwa der ausladende Keller erst vor wenigen Jahren eines seiner Geheimnisse preis. Das Gewölbe unterhalb des Chorraums der Schwestern wirkt eher schlicht, allenfalls das imposante Tonnengewölbe, das sich über ihm erstreckt, ist eindrucksvoll. Lange Zeit hat man hier unter anderem ein Kartoffellager unterhalten. Doch eines Tages – es mag einem glücklichen Zufall geschuldet gewesen sein – meldete sich die Kunsthistorikerin Dr. Karin Stober an. Sie befasste sich damals mit den Klostergebäuden der Zisterzienserinnen und nahm auch Lichtenthal in den Blick. Sie inspizierte den Kellerbereich unterhalb des Chores und glaubte, er könne bedeutsamer sein, als bisher gedacht. Die Wissenschaftlerin vermutete, es könne sich um eine „Unterkirche" handeln.

Heute ist dieser Teil des Kellers über den Innenhof zugänglich, aber früher muss er über das Hauptgebäude erreichbar gewesen sein. Das verrät eine geheimnisvolle Treppe, die im Keller zu finden ist. Sie führt ins Nichts, endet an einer Wand. Macht man sich die Mühe, zu berechnen, wohin sie führen könnte, entdeckt man in der darüberliegenden Etage im Konvent eine kleine Ausbuchtung. Sie ist allerdings viel zu niedrig, um als Durchgang erkannt zu werden. Plante man die Unterkirche regelmäßig zu nutzen und kam später davon ab? Gegenwärtig lässt sich nur mutmaßen. Näher erforscht wurde dieser Komplex bis dato nicht, deshalb kann man über die Nutzung des Raumes nichts Gesichertes sagen.

Unterkirchen wurden aus unterschiedlichen Gründen errichtet. Diese Art Krypta unter dem Chor christlicher Kirchen diente in manchen Fällen als Heiligengrab. In Lichtental wurden auf den ersten Blick keinerlei Hinweise auf Grablegen gefunden. Es gibt auch keinen Altar. Weil auch die klösterlichen Dokumente hier-

Der Uhrmacherturm fügt sich unauffällig in die Fassade des Klosters ein.

zu nichts berichten, vermutet Schwester Roswitha, dass eine Grabung oder Untersuchung keine besonderen Entdeckungen zutage fördern würde.

Ein anderes Geheimnis dieses Raumes ist indes verbrieft. Genau diese Unterkirche war es, die in den Kriegsjahren, als sich die Nazis und die herannahenden Franzosen heftig beschos-

sen, gleich mehreren Heiligen Zuflucht bot, berichtet Schwester Roswitha. In weiser Voraussicht hatte man mit Beginn des Krieges von der Unterkirche, die man damals für einen simplen Keller hielt, einen kleinen beheizbaren Raum abgetrennt. Dort wurden die kostbaren Heiligenfiguren der Kirche versteckt, um sie bestmöglich vor der drohenden Zerstörung zu schützen. In diesen schweren Zeiten haben auch die Schwestern die Unterkirche zuweilen zu Gebetszwecken genutzt, allerdings ohne um die Bedeutung der Räumlichkeiten zu wissen. Draußen vor den Türen, so berichtet Schwester Roswitha, habe die resolute Schwester Laurentia Wache gehalten. Heute sind von alledem keine Spuren mehr zu erkennen. Allein der beheizbare Raum ist noch immer vorhanden.
Außerdem ist im Keller ein architektonischer Zeitensprung erlebbar. Was sich an der Fassade nicht sofort ablesen lässt, ist im Untergrund sofort zu erkennen. Ein Schritt in den angrenzenden Keller und schon überschreitet der Besucher die Schwelle vom Barock in die Gotik: Gleich nebenan spannt sich ein mächtiges Kreuzgewölbe aus. Obendrein ist das Gluckern eines kleinen Bächleins zu vernehmen, das jenseits des Tageslichts im Untergrund durch den Keller fließt. Ob hier wohl noch mehr verborgene Gelasse oder Verliese existieren? Schwester Roswitha verneint dies kopfschüttelnd. In den 1950er-Jahren herrschte im Haus mächtige Raumnot und es lebten mehr als 60 Schwestern im Kloster. Es sei so beengt zugegangen, dass kaum ein Winkel unentdeckt blieb. Obendrein haben die Bewohnerinnen „im Untergrund“ mächtig gewirbelt, denn zur Abtei gehörten beträchtliche landwirtschaftlich genutzte Flächen wie die Klosterwiese, auf der etwa Getreide und andere Früchte gediehen, die der Versorgung der Klosterbewohnerinnen dienten. Die jeweilige Ernte wurde in den Kellern verarbeitet und eingelagert.

Schwarze Scheiben

Die Zeit war reif für ein Novum. Jung-Gastronom Pit Fiolka hob zu Beginn der 1960er-Jahren die Tanzmusik auf eine neue Ebene. In Baden-Baden eröffnete er, kaum volljährig, seinen „Whisky a Gogo-Club“ und läutete damit die Ära der schwarzen Vinyl-Scheiben in Baden-Baden ein. Die Steilvorlage für diese neue Art von Club stammte aus Amerika. Elmer Valentine entwickelte ein neuartiges Konzept, bei dem Discjockeys eine nicht unwesentliche Rolle spielten, als er seinen Gästen „Musik aus der Konserve“ schmackhaft machte. Die Idee kam an. In Los Angeles wurde sein Club bald zum Tummelplatz für allerlei Größen der Musikszene.

Mutig eröffnete Pit Fiolka in der Eichstraße seinen eigenen Club der ganz anderen Art. Das „Whisky a Gogo“ war manchem Zeitgenossen kaum mehr als ein verächtliches Naserümpfen wert. Die junge Generation dagegen – Stars inklusive – genoss diese Art von Unterhaltung in vollen Zügen und berappte klaglos die 2,50 Mark Eintritt, in denen aber die Drinks bereits enthalten waren. Vielen Zweiflern zum Trotz entwickelte sich der „Whisky a Gogo-Club“ innerhalb kürzester Zeit zu einem beliebten Treff, dessen Charme sich selbst Promis nicht entziehen konnten. Das belegen die Gästebücher, die der Gastronom in diesen Jahren anlegte. Hier wurde etwa der Grundstein gelegt für eine langjährige Freundschaft zwischen Fiolka und Udo Jürgens, die beide am Beginn ihrer Karriere standen. Gerade war der erste selbst geschriebene Song von Udo Jürgens auf Platte gepresst worden, und den wollte er gerne in der „Whisky a Gogo-Bar“ abspielen. So geschah es. „Jenny“ – so hieß das Stück – gefiel und die beiden Männer, deren Verbindung bis zum Tod des berühmten Sängers anhielt, blieben Freunde.

Pit Fiolka schwelgt in den Erinnerungen, die in seinem Gästebuch enthalten sind.

Udo Jürgens war nicht der einzige Gast, der sich in der Fiolka-Gastronomie wohlfühlte. So unternahmen z. B. auch die Jakob-Sisters während ihrer Aufenthalte in Baden-Baden gerne eine Stippvisite in Fiolkas Club. „Hier fühl' ich mich mehr als wohl", gab Rex Gildo dem Wirt schriftlich und reihte sich damit in eine Gästeliste ein, auf der sogar John Travolta steht. „Ich habe ihn gar nicht erkannt", erinnerte sich Pit in einem Interview an den amerikanischen Gast. Das Rätsel löste schließlich Ehefrau Milli, die den „Unbekannten" kurzerhand ansprach. „Er war auf Kur hier und logierte im Brenner's." Ganz bescheiden trug Travolta sich am 29. Juli 1985 ins Gästebuch des Hauses ein, gleich neben Alfred Biolek. Es waren die unterschiedlichsten Gäste, die Pit Fiolka – er hatte inzwischen ein zweites Lokal, das Gagarin, eröffnet – in seinen Häusern begrüßen konnte. Während Helmut Kohl nicht mehr als eine Unterschrift nebst Datum hinterließ, verfasste Udo Jürgens immer mal wieder Briefchen für seinen Freund Fiolka.

„Und dann waren da ja noch die Damen des Adels", berichtete Pit Fiolka und erinnert sich mit einem leichten Schmunzeln an Kaiserin Soraya (1932–2001), die einmal gemeinsam mit ihrem Gemahl, dem Schah von Persien, nach Baden-Baden reiste und später ohne ihn zurückkehrte. Zusammen mit Lilly Claire Saran aus der Budweiser-Dynastie besuchte Soraya Pferderennen und die großen Bälle der Stadt. Vor allem aber outete sie sich als Harald-Juhnke-Fan. Als der Entertainer an einem der berühmten gesellschaftlichen Ereignisse teilnahm, bat sie ihren Freund Pit, er möge Juhnke doch an ihren Tisch bringen. Der ließ sich nicht zweimal bitten.

Für Überraschung sorgte Fiolka, als er seinen Kumpel Johnny Hallyday, der damals in Offenburg stationiert war, in einer Nacht- und Nebel-Aktion unter Stacheldraht hindurchkriechen ließ, um ihn am Abend im Club zu haben. Zusammen mit den „Rocking Stars“ ließ der französische Musiker es so richtig krachen. Und zwar so sehr, dass selbst die BILD Notiz davon nahm. Das tat das Blatt übrigens auch, als Professor Dr. Christiaan Barnard durch Baden-Badens Clubs tanzte. Der Südafrikaner hatte es weltweit zur Berühmtheit gebracht, weil er mit seinem Team die erste Herztransplantation überhaupt durchgeführt hatte.

Etwas wehmütig stimme Pit Fiolka das Blättern in seiner reich bebilderten Vita zuweilen schon, meint er. Viele der Gesichter, die von Autogrammkarten und Fotos herablächeln, sind längst nicht mehr am Leben: Drafi Deutscher, Roy Black, Gunther Sax, Rex Gildo, seine Freundin Sigi Harreis und auch Soraya sind nur noch schöne Erinnerungen. Und für selbige hat Udo Jürgens die richtige Eintragung im Buch der Gäste vermerkt: Merci, merci ... Im Alter von 82 Jahren folgte ihnen Pit Fiolka nach.

Udo Jürgens 1987.

Unterirdisch gut – 400 Kilometer Unterwelt

Hier muss es wohnen, das Phantom der Oper. Nur wenige Schritte und eine elegante Wendeltreppe aus geschmiedetem Eisen trennen ein unterirdisch angelegtes Bauwerk vom Baden-Badener Festspielhaus. Kunstvoll gefertigte Klinkergewölbe erstrecken sich über mehrere Meter unter der vielbefahrenen Straße vor dem Musentempel. Unten in der Tiefe sind weder der Verkehr noch die Musik wahrzunehmen. Stattdessen fällt der Blick auf ein an der Wand befestigtes Handwaschbecken, das auf aparte Weise aus der Zeit gefallen zu sein scheint.

Der Kronleuchter, der dem Ensemble einst ganz besonderen Glanz verleihen sollte, muss allerdings einen Liebhaber gefunden haben. Die edle Rosette an der Decke, an der er einst baumelte, legt trauriges Zeugnis davon ab, dass das gute Stück abhandengekommen ist. Weiteres Mobiliar hat es wohl nicht gegeben. In den Wänden aus geschmeidig gerundeten Klinkersteinen finden sich jedoch diverse kunstvoll gefertigte Nischen, die Raum für Skulpturen lassen, die hier einst gestanden haben könnten. Ecken und Kanten sind nicht auszumachen. Alles ist sauber und sehr akkurat abgerundet, Wölbungen, die an einen Miniaturdom erinnern, Leibungen, die kunstfertig in Schichten angelegt sind, loben den Meister, der hier Hand angelegt hat. Keine Frage, ein Untergrundbewohner wie das maskierte Pariser Phantom würde sich in diesem Gewölbe gewiss wohlfühlen.

Als das Festspielhaus 1998 eröffnet wurde, waren die geheimnisvollen Räume im Untergrund fast 100 Jahre alt, erbaut im Auftrag der Stadtväter. Doch was wollten sie mit dieser unsichtbaren Pracht neben dem alten Bahnhof, der heute Teil des Festspielhauses ist? Es bedarf nur weniger Schritte in den eindrucksvollen Tunnel, um die Antwort zu finden: Es gibt nämlich fließendes Wasser. Woher es kommt und wohin es geht, bestimmt ein pfiffiges Konzept, mit dem man dafür sorgte, dass die Abwässer unsichtbar wurden. Dasselbe gilt für die Oos, die auf ihrem Weg durch die Stadt an verschiedenen Stellen einfach im Untergrund verschwindet. Das könnte jedoch dann und wann zu Problemen jedweder Art geführt haben. Also wurden unterirdische Gebäude geschaffen, die zu Wartungszwecken einen Zugang zu dem Stadtflüsschen ermöglichten. Diese sind selbstredend nicht öffentlich zugänglich. Heute verdecken zwei schwere in den Boden eingelassene Betonplatten, die nur mithilfe eines starken Kranwagens herausgehoben werden können, den Zugang in die Unterwelt. Ganz so einfach wie das Pariser Phantom der Oper hätte der Baden-Badener Kumpel seine Zuflucht nicht verlassen können. Heute entnehmen die Fachleute vom Städtischen Tiefbau den Verlauf der Kanäle einem umfassenden Kartenwerk mit dem Titel „Canalisation der Stadt Baden“ vom 3. Oktober 1895.

Die Planer haben es sich Ende des 19. Jahrhunderts nicht leicht gemacht, als sie die Kurstadt mit einer unter dem Flussbett der Oos gelegenen Kanalisation versahen. So entstand auf einer Länge von fast 400 Kilometern ein Kanalwerk, das regelmäßig den Einstieg über unterirdische Gelasse ermöglicht. Einige sind atemberaubend kunstvoll gestaltet, so wie das Gebäude unter der Straße nahe dem Festspielhaus. Doch der im wahrsten Sinne des Wortes tiefere Sinn dieser unerwartet prunkvollen unterirdischen Bauwerke liegt im Abwasser. Hier haben sich die Altvorderen wahrlich Mühe gegeben. Bereits 1895 erwies man sich als so weitsichtig, einen Kanal zu errichten, der unter dem Oosbett verläuft. Ein Blick ins Flussbett lohnt bei niedrigem Wasserstand unbedingt. An manchen Stellen sind unterhalb der Oberfläche wasserdicht eingelassene Kanaldeckel auszumachen. Außerdem wurde nur zwei Jahre nach Fertigstellung der Kanalisation die erste Kläranlage im Land in Betrieb genommen, die bis heute genutzt wird. Auch von den Plänen dieser kurstädtischen Kanalisation wird bis heute noch reger Gebrauch gemacht.

Feine Klinkerarbeiten im Untergrund.

Wo die wilden Kerle baden

Streiche begegnen uns nicht nur in der Weltliteratur – etwa bei Michel von Lönneberga, Max und Moritz oder in den unvergesslichen Geschichten des bayerischen Autoren Ludwig Thoma –, sondern auch in der Erinnerung an die eigene Kindheit und Jugend. So wie bei einer Gruppe von jungen Männern, die namentlich nicht genannt werden möchten. Sie trafen sich Ende der 70er-Jahre regelmäßig im Waldcafé, am Fuße des Merkurs, kamen in feucht-fröhlichen Abendrunden auf die tollsten Ideen und Wetten.

Dazu gehörte beispielsweise das Vertilgen einer ganzen Schwarzwälder Torte, das – trotz der vorherigen Einnahme eines großen Glas Zitronensafts, um der vielen Sahne etwas entgegensetzen zu können –, in einem spektakulären Fehlschlag endete. Weiter ging es mit dem Projekt, den Merkur von der Gipfel- bis zur Talstation über die steilsten befahrbaren Wege mit fünf ineinander verhakten Schlitten hinunterzusausen. Das gelang, kann aber definitiv nicht zur Nachahmung empfohlen werden und ist bei den heutigen Wegverläufen zum Glück auch gar nicht mehr möglich.

Der Übermut der jungen Männer gipfelte schließlich in einer Wette, in der immerhin ein ganzes Fass Bier auf dem Spiel stand. Drei Teilnehmer der Gruppe sollten in einer einzigen Nacht, und das im recht kalten März, unbekleidet in jedem Brunnen der Baden-Badener Innenstadt ein Bad nehmen oder zumindest so viel Körpermasse wie möglich ins Wasser tauchen. Als Hilfsmittel wurde ein VW-Käfer zugelassen, den einer der drei von Brunnen zu Brunnen fahren sollte und der außerdem als Umkleide genutzt werden konnte, um das Ausmaß des öffentlichen Ärgernisses so gering wie möglich zu halten. Schon wenige Tage später startete die Bierwette in einer frühlingsfrischen Nacht so gegen 22 Uhr. Die drei Teilnehmer wollten sicher sein, dass in dem verschlafenen Kurort die meisten Bürger und Gäste bereits dem nächsten Tag entgegenschlummerten. Nichts sollten dem reibungsfreien Ablauf im Wege stehen.

Als erste Station hatte man die große Brunnenanlage in der Gönneranlage am Bertholdsbad vorgesehen. Und ausgerechnet hier gab es bereits einen Rückschlag! Aus den Leitungen sprudelte nämlich gar kein Wasser. Die umsichtige Stadtverwaltung wollte offenbar, da mit Nachtfrösten zu rechnen war, kein Risiko eingehen. Die drei Kandidaten blickten fassungslos in ein leeres Becken. Was tun? Sich etwa vor dem Start schon ins Bockhorn jagen lassen oder gar das Projekt ganz aufgeben? Und das Fass Bier verlieren, bevor der Wettbewerb so richtig begonnen hatte? Erst recht nicht!

Die Draufgänger machten sich also daran, in der direkten Umgebung nach dem Haupthahn zu suchen, und zwar ober- und unterirdisch. Und siehe da, er war schon bald gefunden und so hieß es: Wasser marsch! Allmählich füllte sich der Brunnen mit dem kühlen Nass. Um die Zeit zu nutzen, die es brauchte, bis die gewünschte Badetiefe erreicht war, wurde der Beschluss gefasst, inzwischen den Muschelträger-Brunnen am Bismarckplatz aufzusuchen. Dort nahmen die Männer erfolgreich ein kurzes Sitzbad, bevor sie in die Gönneranlage zurückkehrten, in der die eingelassene Wassermenge mittlerweile zumindest einige kurze Schwimmzüge zuließ. Sie hatten die ersten beiden Etappen gemeistert.

Vom eigenen Einfallsreichtum und dem gelungenen Schelmenstreich berauscht, ging es nach kurzem Abtrocknen und Ankleiden zurück zum Auto und weiter zum Brunnen vor der Stadtkirche. Dieser bot, ebenso wie der nahe gelegene Buberlbrunnen am Standesamt, wieder nur die Gelegenheit zu einem Sitzbad. Da diese beiden Badeorte lediglich knapp zweihundert Meter voneinander entfernt waren, beschloss das Trio, dass man die kurze Strecke zum nächsten Ziel zu Fuß und im Adamskostüm zurücklegen könnte. (Der Autofahrer war übrigens durchgängig bekleidet und blieb beim Wagen.) Und so geschah es. Allerdings wurde die Freude über die Zeitersparnis jäh getrübt, als auf dem Rückweg eine wie zufällig auftauchende Polizeistreife sich den beiden Nackedeis vehement in den Weg stellte. Was übrigens gar kein so großer Zufall war, da die Ordnungshüter einen Anruf aus dem neben der Gönneranlage gelegenen Hotel Bellevue erhalten hatten, in dem sich Gäste beim Zimmerservice nach dem Grund für das laute Wasserrauschen, das Platschen und gelegentliche Jubelrufe erkundigt hatten.

Wer sich nach einem Bad im Thermalwasser sehnt, sollte heutzutage statt des Reiherbrunnens lieber die Caracalla-Therme aufsuchen.

Die beiden Polizisten waren so verdutzt, dass es den beiden Haken schlagenden Männern gelang, den bereits mit laufendem Motor wartenden VW-Käfer zu erreichen. Die Ordnungshüter folgten der Bande, wobei sie ebenfalls einen VW-Käfer benutzten, der als Polizeifahrzeug seinerzeit durchaus beliebt war. Die Verfolgungsjagd darf man sich vorstellen wie eine Szene aus „Dudu der Wunderkäfer“, nur dass es nun gleich zwei Automobile waren, die Vollgas gaben und über die Maria-Viktoria-Straße und am Hirtenhäuschen vorbei in die Gunzenbachstraße rasten. Dort drohte unseren wilden Kerlen ein böses Ende, das sie spätestens am Ende dieser Sackgasse hätte ereilen können, wenn nicht der geistesgegenwärtige Fahrer des Fluchtfahrzeugs aus einer spontanen Eingebung heraus direkt hinter der Blutspendezentrale in die Jägermattstraße eingebogen wäre. Hier schaltete er Licht und Motor ab und kauerte sich gemeinsam mit den beiden vor Kälte und Aufregung am ganzen Leib zitternden Freunden im Auto zusammen. Derweil fuhren die Polizisten weiter den Gunzenbach entlang in Richtung Waldrand und fragen sich möglicherweise bis heute, wie es den beiden Flüchtenden im Adamskostüm nebst Fahrer gelungen war, sich in Luft aufzulösen.

Unverdrossen setzten die Freunde ihre Tour fort. Gut, dass auf sie der mit warmem Thermalwasser gefüllte Reiherbrunnen wartete, in dem sich die beiden Badegäste nicht nur von ihrem Schock erholen, sondern auch die kalten Knochen wärmen konnten. Was die drei allerdings nicht ahnten: Damals wohnte der Fotograf des Badischen Tagblatt neben dem Reiherbrunnen und hielt diese Szene für die Nachwelt fest, was einige Jahre später bei einer zufälligen Begegnung für einem ganz schönen Schreck bei einem der Brunnenplantscher sorgte, jedoch nie ernste Konsequenzen nach sich zog. Mit leisem Bedauern und ohne etwas von dem Schnappschuss zu ahnen, ging es weiter zur siedend heißen Fettquelle. Es sei der Fantasie der Leser überlassen, welche Körperteile für wie lange Zeit dort eingetaucht wurden. Als Nächstes lockte der Brunnen auf dem Marktplatz, in den man ganz eintauchen und wo man sogar ein paar Schwimmbewegungen andeuten konnte. Nur ein paar Meter oberhalb des Pädagogiums gelegen, präsentierte sich der Obertor- oder auch Peter-Nagel-Brunnen mit einem etwas kleineren Becken und kühlendem Inhalt.

Was für ein Glück, dass mit dieser Station und dem Bad im nahe gelegenen Brunnen in der Burgstraße endlich die vorletzte Etappe absolviert werden konnte. Hinter jeder Kurve ein Blaulicht befürchtend und die abenteuerlichsten Schleichwege wählend, fuhr man schließlich die Lilienmattstraße hinauf und die steile Friedhofsstraße hinunter, wo am Bertholdsplatz die letzte Prüfung mit Untertauchen gelang. Sie hatten es geschafft und waren die Gewinner des Bierfasses, was in der nur wenige Meter entfernten und geöffneten Kneipe neben dem Alten Kino zünftig gefeiert und natürlich auch kräftig begossen wurde!

Heute kann man die zahlreichen sehenswerten Brunnen in Baden-Baden zum Beispiel während einer Mondscheintour, die der Verein Stadtbild veranstaltet, bestaunen und sich ihre Geschichten erzählen lassen. Zu denen werden nun vielleicht auch die Abenteuer unserer drei jungen wilden Kerle gehören.

Skandal auf der Bühne

Die schon über 200 Jahre alte Geschichte des Theaters Baden-Baden ist reich an denkwürdigen Aufführungen und prominenten Gästen.

Nach der massiven Zäsur des Ersten Weltkrieges und der darauffolgenden wirtschaftlichen Not konnte der Spielbetrieb während der Weimarer Republik nur unter Einschränkungen fortgeführt werden. Trotzdem gelang es, dem Publikum eine gelungene Mischung aus internationalem Programm und Stücken mit regionalem Bezug zu präsentieren, bis das Theater zum Ende der Spielzeit 1929/1930 kurz vor seinem Ruin stehen sollte. Gleichzeitig steuerte es auf den bis heute wohl größten Skandal seiner Geschichte zu.

Am 28. Juli 1929 sollte nämlich neben zahlreichen anderen empörten und zutiefst verstörten Zuschauern kein Geringerer als der Literaturnobelpreisträger Gerhart Hauptmann unter lautem Protest eine Aufführung verlassen, die bis weit über die Stadtgrenzen hinaus für Gesprächs- und Diskussionsstoff sorgte. Grund dafür war das Stück „Das Badener Lehrstück vom Einverständnis" des Dramaturgen Berthold Brecht, das er für die Festspiele „Deutsche Kammermusik" geschrieben hatte. Die Musik steuerte der bekannte deutsche Komponist Paul Hindemith bei. Hindemith selbst hatte die Deutschen Kammermusik-Tage 1927 aus Donaueschingen nach Baden-Baden geholt. Seine Hoffnung, in dieser Stadt experimentelle Musik und Theaterstücke einer breiten und internationalen Öffentlichkeit vorführen zu können, erfüllte sich. Drei Jahre lang war die Kurstadt Gastgeber für diese zeitgenössische Musik, wobei die Veranstaltung von Anfang an von kritischen Stimmen begleitet wurde.

Dieses wichtige Forum für Neue Musik wurde vom konservativen Publikum zumeist abgelehnt – so auch in Baden-Baden. Die Aufführungen und Inszenierungen begeisterten und schockierten das Publikum immer wieder aufs Neue. Vielleicht bereitete es Brecht und Hindemith eine besondere Freude, im dritten Jahr der Festspiele eine ungewöhnlich irritierende Inszenierung zu realisieren. Bereits zu Beginn der Aufführung, die aufgrund des großen Andrangs von etwa 1000 Besuchern in der wenig festlich ausgestatteten Baden-Badener Stadthalle an der Leopoldsstraße stattfand, wurde es unruhig. Für niemanden war ein bevorzugter Platz reserviert, auf scheinbar willkürlich hingestellten Stühlen saßen Badische Minister,

Die drei Clowns aus dem Lehrstück.
(Entwurf von Heinz Porep).

Komponisten, Schriftsteller, Wissenschaftler und einfache Besucher ungeordnet beieinander. Von der Bühne aus instruierten Paul Hindemith und Bert Brecht das nichts ahnende Publikum, das es gleich zu Beginn einen auf eine Leinwand projizierten Text absingen sollte. „Und nun singen wir alle mit; Gerhart Hauptmann und Joseph Haas, Ernst Toch und André Gide, der Erbprinz von Donaueschingen und Fräulein Müller aus Rastatt. Wir singen und Hindemith dirigiert diesen merkwürdigen Gesangsverein." (K. Laux).
Das Stück begann mit einer Szene, in der ein Pilot mit seinem Flugzeug abstürzt und vergeblich auf Hilfe hofft. So weit, so gut. Für weitere Unruhe sorgte eine filmisch eingespielte und von der berühmten Ausdruckstänzerin Valeska Gert vorgeführte Totenklage. Anschließend betraten drei Clowns die Bühne und präsentierten ein groteskes Schauspiel statt der erwarteten komischen Nummer. Der größte der drei Spaßmacher mit Namen Herr Schmitt, dargestellt von Theo Lingen, der in ein riesiges mit Stelzen und einem gewaltigen Holzkopf versehenes Kostüm gesteckt wurde, beklagte sich bei seinen beiden Kollegen darüber, dass es ihm gar nicht gut gehe und ihm einer seiner beiden Füße wehtue. Um ihrem Freund zu helfen, sägten die Clowns deshalb das betroffene Körperstück ab und führten diese Behandlung auch bei anderen schmerzenden Gliedmaßen durch! Unter Einsatz unzähliger Liter Theaterblut, die Theo Lingen selbst aus dem Kostüm heraus mit einem Blasebalg auf die Bühne pumpte, bot das Ganze einen ausgesprochen schauerlichen Anblick. Und als der bereits auf einen Torso reduzierte Clown Schmitt auch noch über Kopfschmerzen klagte und die Säge schließlich an den Schädel angesetzt wurde, wurde es den Zuschauern endgültig zu viel.

Die Schauspieler wurden mit Gegenständen beworfen, Buhrufe und Pfiffe ertönten im Aufführungsraum und so wie das Ensemble fluchtartig die Bühne verließ, strömte das Publikum auf die Straße und bereitete den dritten und letzten Kammermusik-Tagen ein unrühmliches, aber spektakuläres Ende, an dem sogar Hindemiths und Brechts zunächst freundschaftliche Zusammenarbeit zerbrach. Das Festival selbst fand vom kommenden Jahr an – wohl nicht nur aus wirtschaftlichen Gründen – in Berlin statt.

Vielleicht trug die Erinnerung an diesen Vorfall über 30 Jahre später eine Teilschuld an der Entscheidung des Baden-Badener Oberbürgermeisters Ernst Schlapper, die Aufführung von Brechts „Mutter Courage“ 1962 zu verbieten. Seinen Entschluss begründete er damit, dass Brecht dem Publikum der Stadt aus politischen Gründen und wegen seiner Solidarität mit der SED und Walter Ulbricht nach dem 17. Juni 1953 nicht zuzumuten wäre. Das hielt jedoch einige Bürger der Kurstadt nicht davon ab, zu einer Inszenierung des Stückes ins nahe gelegene Straßburg zu pilgern.

Theo Lingen hingegen blieb die Rückkehr ins Theater der Kurstadt nicht verwehrt – in der Spielzeit 1962/63 gastierte er in Baden-Baden zum hundertjährigen Bestehen des Theaters. Mit seiner Inszenierung von „Die Schule der Ehe“, in der er selbst eine Hauptrolle spielte, erntete er tosenden Applaus. Ob sich bei seinem Gastspiel Zuschauer im Publikum befanden, die sich an seinen Auftritt als Clown in den späten 20er-Jahren erinnern konnten, ist nicht überliefert.

Weitere Bücher aus der Region

Unsere Glücksmomente – Geschichten aus Baden-Baden
Josua Straß
80 Seiten
ISBN 978-3-8313-3386-8

Karlsruhe - Gestern und Heute
Ludger Syrè, Sebastian Faber
Bildband, 72 Seiten,
zahlr. Farb- u. S. W. Fotos
ISBN 978-3-8313-3381-3

Unsere Glücksmomente – Geschichten aus Karlsruhe
Wolfgang Wegner
80 Seiten
ISBN 978-3-8313-3327-1

Aufgewachsen in Karlsruhe in den 40er und 50er Jahren
Wolfgang Wegner
64 Seiten, zahlr. Farb- und S. W Fotos
ISBN 978-3-8313-2036-3